Grammar Joy
중등 영문법

3a

저자 **이 종 저**

이화여자대학교 졸업
Longman Grammar Joy 1, 2, 3, 4권
Longman Vocabulary Mentor Joy 1, 2, 3권
I am Grammar 1, 2권
Grammar & Writing Level A 1, 2권 / Level B 1, 2권
Polybooks Grammar joy start 1, 2권
Polybooks Grammar joy 1, 2, 3, 4권
Polybooks Grammar joy 중등 영문법 1a,1b,2a,2b,3a,3b권
Polybooks 문법을 잡아주는 영작 1, 2, 3, 4권
Polybooks Grammar joy & Writing 1, 2, 3, 4권
Polybooks Bridging 초등 Voca 1, 2권
Polybooks Joy 초등 Voca [phonics words] 1, 2권

저자 **박 영 교**

서울대학교 졸업
前 강남 IVY 영어학원 대표 원장
길벗스쿨 한 문장 영어독해 무작정 따라하기

감수 **Jeanette Lee**

Wellesley college 졸업

Grammar Joy 중등 영문법 3a

지은이 | 이종저, 박영교
펴낸곳 | POLY books
펴낸이 | POLY 영어 교재 연구소
기 획 | 박정원
편집디자인 | 박혜영

초판 1쇄 인쇄 | 2015년 10월 30일
초판 20쇄 인쇄 | 2023년 4월 15일

POLY 영어 교재 연구소
경기도 성남시 분당구 황새울로 200번길 28, RA1128호
전 화 070-7799-1583 Fax (031) 716-1583
ISBN | 979-11-86924-82-2
        979-11-86924-77-8 (세트)

Copyright ⓒ 2015 by POLY books
이 책은 저작권법에 의해 보호를 받는 저작물이므로 출판권자의 허락 없이는 무단 전재와 무단 복제를 금합니다.
잘못된 책은 구입한 곳에서 바꾸어 드립니다.

Grammar Joy

중등 영문법

3a

POLY BOOKS

Preface

먼저 그 동안 Grammar Joy Plus를 아껴 주시고 사랑해 주신 분들께 감사를 드립니다. 본 책의 저자는 Grammar Joy Plus를 직접 출간하게 되었습니다. 저자가 직접 출간하게 된 만큼 더 많은 정성과 노력을 들여 미흡하였던 기존의 Grammar Joy Plus를 완전 개정하고 내신문제를 추가하였으며, 책 제목을 Grammar Joy 중등영문법으로 바꾸어 여러분께 선보이게 되었습니다.

모든 교재에서 키포인트는 저자가 학생들의 눈높이를 아는 것입니다. 같은 내용의 문법을 공부하더라도 그 내용을 저자가 어떻게 쉽게 풀어 나가느냐 하는 것이 가장 중요하며, 이에 비중을 두어 만든 교재야말로 최상의 교재라고 생각합니다. Grammar Joy 중등영문법은 저희가 오랜 현장 경험을 바탕으로 이 부분에 초점을 맞추어 만들었습니다.

첫째, 본 교재는 비록 처음 접하는 어려운 내용의 문법일지라도 학생들에게 쉽게 학습효과를 얻을 수 있도록 설명하였습니다. 학생들이 small step으로 진행하면서 학습 목표에 도달할 수 있도록 쉬운 내용부터 시작하여 어려운 내용까지 단계별로 구성하였습니다.

둘째, 시각적으로 용이하게 인식할 수 있도록 문제의 틀을 만들었습니다. 문장의 구조를 도식화하여 설명과 문제 유형을 만들었으므로, 어렵고 복잡한 내용도 쉽게 이해하고 기억에 오래 남을 수 있습니다.

셋째, 쉬운 단어로 구성했습니다. 학습자들이 문장 중에 어려운 단어가 많으면 정작 배워야 할 문법에 치중하지 못하고 싫증을 내고 맙니다. 따라서 학습자 누구나 단어로 인한 어려움 없이 공부할 수 있도록 단어를 선별하였습니다.

넷째, 생동감 있는 문장들을 익힐 수 있도록 하였습니다. 실생활에서 사용되어지는 문장들을 가지고 공부함으로써 현장에 적용시킬 수 있습니다.

다섯째, 풍부한 양의 문제를 제공합니다. 최대의 학습 효과를 얻기 위해서는 학생 스스로가 공부하는 시간을 많이 가지는 것입니다. 또한 많은 문제를 제공함으로 학생 스스로 문제를 풀어 가면서 문법 내용을 본인도 모르는 사이에 저절로 실력 향상을 이룰 수 있습니다.

본 교재를 비롯하여 Grammar Joy Start, Grammar Joy, Grammar Joy 중등영문법을 연계하여 공부한다면 Grammar는 완벽하게 이루어질 것입니다.

특히 저자가 직접 출간한 교재는 타사의 본 교재를 흉내낸 교재들이 따라 올 수 없는 차이점을 느끼실 수 있습니다. 아무쪼록 이 시리즈를 통하여 여러분의 영어 공부에 많은 발전이 있기를 바라며 함께 고생해 주신 박혜영, 박정원께도 감사를 드립니다.

저자 이종저 박영교

Contents

Series Contents

Guide to **This Book**

이 책의 구성과 특징을 파악하고 본 책을 최대한 여러분의 시간에 맞춰 공부 계획을 세워 보세요.

1 Unit별 핵심정리

예비 중학생들이 반드시 알아 두어야 할 문법들을 체계적으로 간단 명료하게 unit별로 정리하였습니다.

2 핵심 정리

좀 더 심화된 문법을 배우기전 이미 학습한 내용을 정리하여 쉽게 복습할 수 있도록 하였습니다.

3 기초 test

각 unit별 필수 문법을 잘 이해하고 있는지 기초적인 문제로 짚어 보도록 합니다.

4 기본 test

기초 test 보다 좀 더 어려운 문제를 풀어 봄으로써 핵심 문법에 좀 더 접근해 가도록 하였습니다.

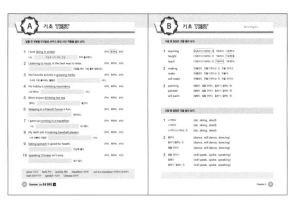

5 실력 test

좀 더 심화된 문제를 통하여 문법을 완성시켜 주도록 하였습니다.

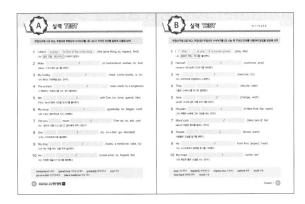

6 내신대비

지금까지 배운 내용을 내신에 적용할 수 있도록 문제 유형을 구성하였고 이를 통해 시험 대비 능력을 키울 수 있도록 하였습니다.

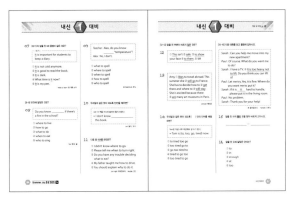

7 종합 문제

본 책에서 공부한 내용을 총괄하여 문제를 구성하였으므로 이를 통하여 학습 성과를 평가할 수 있습니다.

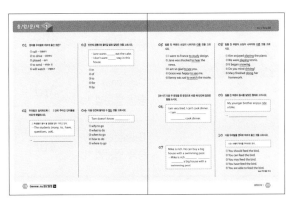

8 영단어 Quizbook

본 책의 학습에 필요한 단어들을 사전에 준비시켜 어휘가 문법을 공부하는데 걸림돌이 되지 않도록 하고 학생들의 어휘 실력을 향상시킬 수 있도록 준비하였습니다.

How to Use **This Book**

Grammar Joy 중등영문법 Series는 총 6권으로 각 권당 6주 총 6개월의 수업 분량으로 이루어져 있습니다. 학생들의 학업 수준과 능력, 그리고 학습 시간에 따라 각 테스트를 과제로 주어 교육 과정 조정이 가능합니다. 아래에 제시한 학습계획표를 참고로 학교진도에 맞춰 부분적으로 선별하여 학습을 진행할 수도 있습니다.

Month	Course	Week	Hour	Part	Homework/Extra
1st Month	Grammar Joy 중등 영문법 1a	1st	1 2 3	문장의 구성 부정사 A	▶chapter별 단어 test는 과제로 주어 수업 시작 전에 test
	Grammar Joy 중등 영문법 1a	2nd	1 2 3	부정사 B 동명사	▶각 chapter별 실전test는 과제로 주거나 각 chapter 수업 후 test
	Grammar Joy 중등 영문법 1a	3rd	1 2 3	분사	
	Grammar Joy 중등 영문법 1a	4th	1 2 3	조동사	
2nd Month	Grammar Joy 중등 영문법 1a	1st	1 2 3	수동태	
	Grammar Joy 중등 영문법 1a	2nd	1 2 3	현재완료	
	Grammar Joy 중등 영문법 1b	3rd	1 2 3	명사와 관사	
	Grammar Joy 중등 영문법 1b	4th	1 2 3	대명사	
3rd Month	Grammar Joy 중등 영문법 1b	1st	1 2 3	형용사와 부사	
	Grammar Joy 중등 영문법 1b	2nd	1 2 3	비교 전치사	
	Grammar Joy 중등 영문법 1b	3rd	1 2 3	명사절과 상관 접속사	
	Grammar Joy 중등 영문법 1b	4th	1 2 3	부사절	▶종합 Test는 각 권이 끝난 후 evaluation 자료로 사용한다

Month	Course	Week	Hour	Part	Homework/Extra
4th Month	Grammar Joy 중등 영문법 2a	1st	1 2 3	부정사 A	▶chapter별 단어 test는 과제로 주어 수업 시작 전에 test
	Grammar Joy 중등 영문법 2a	2nd	1 2 3	부정사 B	▶각 chapter별 실전test는 과제로 주거나 각 chapter 수업 후 test
	Grammar Joy 중등 영문법 2a	3rd	1 2 3	동명사	
	Grammar Joy 중등 영문법 2a	4th	1 2 3	분사 구문	
5th Month	Grammar Joy 중등 영문법 2a	1st	1 2 3	조동사 수동태	
	Grammar Joy 중등 영문법 2a	2nd	1 2 3	완료	
	Grammar Joy 중등 영문법 2b	3rd	1 2 3	비교 명사절	
	Grammar Joy 중등 영문법 2b	4th	1 2 3	부사절과 접속부사	
6th Month	Grammar Joy 중등 영문법 2b	1st	1 2 3	관계대명사 A	
	Grammar Joy 중등 영문법 2b	2nd	1 2 3	관계대명사 B	
	Grammar Joy 중등 영문법 2b	3rd	1 2 3	시제의 일치와 화법	
	Grammar Joy 중등 영문법 2b	4th	1 2 3	가정법	▶종합 test는 각 권이 끝난 후 evaluation 자료로 사용한다

Month	Course	Week	Hour	Part	Homework/Extra
7th Month	Grammar Joy 중등 영문법 3a	1st	1 2 3	부정사	▶chapter별 단어 test는 과제로 주어 수업 시작 전에 test
	Grammar Joy 중등 영문법 3a	2nd	1 2 3	동명사	▶각 chapter별 실전Test는 과제로 주거나 각 Chapter 수업 후 test
	Grammar Joy 중등 영문법 3a	3rd	1 2 3	분사	
	Grammar Joy 중등 영문법 3a	4th	1 2 3	분사구문	
8th Month	Grammar Joy 중등 영문법 3a	1st	1 2 3	조동사	
	Grammar Joy 중등 영문법 3a	2nd	1 2 3	수동태 명사와 관사	
	Grammar Joy 중등 영문법 3b	3rd	1 2 3	대명사	
	Grammar Joy 중등 영문법 3b	4th	1 2 3	형용사와 부사	
9th Month	Grammar Joy 중등 영문법 3b	1st	1 2 3	비교	
	Grammar Joy 중등 영문법 3b	2nd	1 2 3	관계사	
	Grammar Joy 중등 영문법 3b	3rd	1 2 3	가정법	
	Grammar Joy 중등 영문법 3b	4th	1 2 3	전치사 특수 구문	▶종합 Test는 각 권이 끝난 후 evaluation 자료로 사용한다

Chapter 1

부정사

부정사란?

1 명사적 용법

ⓐ It~ for (of)...to-

It~ to...의 형태에서 부정사의 주어는 부정사 바로 앞에 'for+목적격'을 써서 to 부정사의 주어를 나타내고 이를 '의미상의 주어'라고 하며, 칭찬이나 비난을 나타내는 형용사 (kind, wise, smart, clever, polite...) 뒤에는 'of+목적격'을 써서 to 부정사의 의미상의 주어를 나타낸다.

ex. It is dangerous **for him** to swim in the sea. 그가 바다에서 수영하는 것은 위험하다.

It is foolish **of her to** say so. 그녀가 그렇게 말하는 것은 어리석다.

ⓑ '의문사 + to 부정사'는 절로 바꿔 줄 수 있다.

> 의문사 + to 부정사 = 의문사 + 주어 + should~

ex. I don't know what **to** do. = I don't know what **I should** do.

나는 무엇을 해야 할지 모르겠다.

2 형용사적 용법

~thing + 형용사 + to 부정사

ex. I want something cold **to** drink. 나는 마실 차가운(어떤)것을 원한다.

3 부사적 용법

ⓐ too~ to... : 너무 ~ 해서 ...할 수 없다.

문장의 주어와 to 부정사의 주어가 다른 경우 'for+목적격'을 to 부정사 앞에 써주면 된다.

ex. **This coffee** is too hot **for me** to drink fast. 이 커피는 너무 뜨거워서 내가 빨리 마실 수 없다.

> too~ to... = so~ that 주어 cannot...

ex. I am **too** busy **to** go to the seminar. 나는 너무 바빠서 세미나에 갈 수 없다.

= I am **so** busy **that** I **cannot** go to the seminar.

ⓑ ...enough to~: ~하기에 (~할 수 있을 만큼) 충분히...하다.

문장의 주어와 to 부정사의 주어가 다른 경우 'for+목적격'을 to 부정사 앞에 써주면 된다.

ex. **This room** is big enough **for ten boys** to sleep in.

이 방은 충분히 커서 10명의 소년들이 잘 수 있다.

~enough to... = so~ that 주어 can...

ex. He is strong **enough to** carry the bag. 그는 그 가방을 옮길만큼 충분히 힘이 세다.
= He is **so** strong **that** he **can** carry the bag.

4 5형식 문장에서 목적보어로 쓰이는 명사와 형용사, 부정사, 분사

ⓐ 목적보어로 쓰이는 명사와 형용사

ex. I made my son **an actor**. 나는 나의 아들을 배우로 만들었다.
She made my mom **happy**. 그녀는 나의 엄마를 행복하게 만들었다.

ⓑ 목적보어로 쓰인 부정사

I want him **to get** a job. 나는 그가 일자리를 얻기를 원했다.

ⓒ 목적보어로 원형 부정사를 사용하는 동사

지각동사 see, watch, look at, hear, listen to, feel... + 목적어 + 원형부정사

ex. I **saw** him **enter** the house. 나는 그가 그 집으로 들어가는 것을 보았다.

사역동사 make, have, let + 목적어 + 원형부정사

ex. Mom **had** Jim **clean** up his room. 엄마는 Jim에게 그의 방을 청소하도록 시켰다.

사역동사 get + 목적어 + to부정사

ex. He **got** me to **sign** on the paper. 그는 내가 서류에 서명하도록 했다.

사역동사 help + 목적어 + 원형부정사/to부정사

ex. She **helped** him **(to) do** the work. 그녀는 그가 그 일을 하는 것을 도와주었다.

ⓓ 목적보어로 쓰인 현재분사와 과거분사

지각동사 + 목적어 + 현재분사(~ing)

ex. I **saw** him **entering** the house. 나는 그가 그 집으로 들어가는 것(순간)을 보았다.

~have/get 시키다/하게하다/당하다 + 목적어 + 과거분사(~ed)

ex. I **had (got)** my computer **fixed**. 나는 내 컴퓨터를 고치도록 시켰다.

5 부정사의 부정

부정사의 부정은 부정사 앞에 **not, never**만 붙이면 된다.

ex. I want my daughter **not to be** a doctor. 나는 나의 딸이 의사가 되지 않기를 바란다.

UNIT 1

형용사적 용법

'be 동사 + to 부정사'는 5가지 용법으로 쓰이며 이를 'be to 용법'이라 한다.

1 be to 용법

예정	~할 예정이다	= be going to = be supposed to = be scheduled to
의무	~해야만 한다	= must = have to = should = ought to = be obliged to
운명	~할 운명이다	= be destined to
가능	~할 수 있다	= can / be able to
작정/의도	~할 작정이다	= intend to

oblige 의무적으로 ~하게 하다 destine (운명으로) 정해지다 intend 의도하다/작정하다

ⓐ 예정

ex. He **is to** meet her. 그는 그녀를 만날 예정이다.
= He **is going to** meet her.

ⓑ 의무

ex. You **are to** join the army. 너는 군대에 입대해야만 한다.
= You **must** join the army.
= You **have to** join the army.
= You **should** join the army.
= You **are obliged to** join the army.

ⓒ 운명

ex. He **was to** die then. 그는 그 때 죽을 운명이었다.
= He **was destined to** die then.

ⓓ 가능

ex. Nothing **is to** be seen. 아무것도 볼 수 없다.
= Nothing **can** be seen.

ⓔ 작정/의도

ex. I **am to** go abroad. 나는 해외로 갈 작정이다.
= I **intend to** go abroad.

Tip! be to 용법은 첫 글자를 따서 '예의운(명)가작'으로 외워 보세요.

다음 문장에 알맞은 be to용법을 고르고 이에 해당하는 우리말을 골라 보자.

1 John's best friend is absent from school.

So he <u>is to visit</u> him.

(예정) 의무, 운명, 가능, 작정/의도)

방문(할 운명이다, 할 예정이다)

2 The principal <u>is to arrive</u> at the auditorium by 11:00.

(예정, 의무, 운명, 가능, 작정/의도)

도착(해야만 한다, 할 운명이다)

3 She <u>is to fall in love</u> with James.

(예정, 의무, 운명, 가능, 작정/의도)

사랑에(빠질 예정이다, 빠질 운명이다)

4 My major is French literature.

I <u>am to</u> study in France for six month as an exchange student.

(예정, 의무, 운명, 가능, 작정/의도)

공부(할 작정이다, 해야 할 운명이다)

5 Emma's birthday is tomorrow.

Bill <u>is to buy</u> a present for her today.

(예정, 의무, 운명, 가능, 작정/의도)

(살 예정이다, 살 수 있다)

6 If she <u>is to join</u> the membership, she must fill out this form.

(예정, 의무, 운명, 가능, 작정/의도)

가입(할 작정이라면, 해야 할 운명이라면)

7 You <u>are to be honest</u>.

(예정, 의무, 운명, 가능, 작정/의도)

정직(해야만 한다, 할 운명이다)

8 We <u>are to follow</u> the safety regulations.

(예정, 의무, 운명, 가능, 작정/의도)

(따라야만 한다, 따를 작정이다)

9 Love <u>is to be seen</u> in everything.

(예정, 의무, 운명, 가능, 작정/의도)

발견(할 수 있다, 할 작정이다)

10 I <u>am to send</u> a parcel to my cousin tomorrow.

(예정, 의무, 운명, 가능, 작정/의도)

(보낼 작정이다, 보낼 운명이다)

principal 학장, 교장 **auditorium** 강당 **fall in love** 사랑에 빠지다 **literature** 문학 **exchange student** 교환학생
fill out 서식에 기입하다 **safety regulations** 안전규정 **parcel** 소포

A 기본 TEST

다음 주어진 be to용법에 따라 밑줄 친 부분과 바꿔 쓸 수 있는 것을 보기에서 골라 써 보자.

보기				
must have to should ought to be obliged to	be destined to	intend to	be going to be supposed to be scheduled to	can be able to

1 My son is 8 years old. He <u>is to</u> go to school. 예정

be going to / be supposed to / be scheduled to

2 The boy <u>is to</u> become the King of this country. 의도

3 Her little brother <u>was to</u> become a pilot anyway. 운명

4 The remote control <u>is to</u> be found under the couch. 가능

5 While flying, you <u>are to</u> turn your phone off. 의무

---

remote control 리모컨

다음 주어진 문장들의 be to용법을 쓰고, 같은 표현으로 바꿔 보자.

1 Snow White <u>is to</u> be chased by her stepmother.   운명

Snow White is destined to be chased by her stepmother.

2 Shouting <u>is to</u> be heard in a stadium.

3 You <u>are to</u> show us the receipt for a refund.

4 I <u>am to</u> be at work by tomorrow.

5 You need to keep it a secret because I <u>am to</u> surprise her.

---

chase 뒤쫓다, 추격하다   stepmother 계모, 새엄마   **shouting** 함성   **stadium** 경기장   **receipt** 영수증
refund 환불   secret 비밀

A 실력 TEST

다음 주어진 단어들을 이용하여 우리말에 알맞게 문장을 완성해 보자.

1 그는 의사당에서 연설을 할 예정이다.

He _is to deliver a speech_ at the conference hall.
(deliver, is, to, a speech)

2 가능한 빨리 성공하고 싶기 때문에 나는 열심히 일해야만 한다.

I _____ because I want to succeed as soon as possible.
(hard, am, work, to)

3 우리 모두 모퉁이에 있는 새로운 화려한 레스토랑을 방문할 예정이다.

We all _____ at the corner.
(new, restaurant, are, visit, to, a, fancy)

4 그 군인은 집으로 절대 돌아오지 못할 운명이다.

The soldier _____ .
(never, to, come, back, is, home)

5 비가 오기 전에 구름을 볼 수 있다.

Clouds _____ before raining.
(to, be, are, seen)

6 집으로 가는 길에 나는 식료품점을 들릴 작정이다.

I _____ on the way home.
(stop, am, to, by, grocery, a, store)

7 전쟁 후에 그들은 절대 다시 만나지 못할 운명이다.

They _____ after the war.
(meet, are, to, never, again)

8 내 인생에서 부정적인 단어는 말해질 수 없다.

A negative word _____ .
(in my life, not, to, spoken, be, is)

---

deliver a speech 연설하다 conference hall 의사당 stop by 가는 길에 들르다 grocery store 식료품점, 슈퍼마켓
on the way ~하는 중에

다음 주어진 단어를 이용하여 우리말에 알맞게 be to 용법으로 써 넣어 보자.

1 우리 둘 다 오늘 밤 회의에 참석하기로 되어있다. (attend)

Both of us _____*are to attend*_____ a meeting tonight.

2 만약 그가 해외에 가고자 한다면, 그는 여권이 꼭 있어야만 해. (go)

If he _____ abroad, he must have a passport.

3 아무도 광장에서 볼(보여질) 수 없다. (see)

No one _____ at the square.

4 모든 선수들은 게임하는 동안 규칙을 지켜야만 한다. (observe)

All of the players _____ the rules during a game.

5 이번 달 말에 내 방 계약이 만료될 예정이다. (expire)

The contract of my room _____ at the end of this month.

6 네가 군인일 때, 너는 명령에 복종해야만 한다. (obey)

When you are in the army, you _____ the command.

7 만일 그가 장학금을 타기를 원한다면, Tom은 더 열심히 공부해야만 한다. (study)

Tom _____ harder if he wants to obtain a scholarship.

8 네가 학급반장이기 때문에, 네가 그것을 책임져야만 한다. (be)

Since you are the president of the class, you _____ responsible for it.

9 나는 너와 더 이상 논쟁하지 않을 작정이다. (argue)

I _____ with you any more.

10 Maya의 가게는 우리 집에서 볼 수 있다. (see)

Maya's store _____ from my house.

---

square 광장   expire 만료되다   command 명령   scholarship 장학금   argue with ~와 언쟁을 벌이다

2 부사적 용법

1 in order to~ / so as to~

● to~ = in order to~ = so as to~

부사적 용법 중 목적(~하기 위해서)을 나타내는 경우에, 뜻을 분명히 하기 위해 'to부정사' 대신 'in order to~' 또는 'so as to~'를 사용하기도 한다.

ex. She went to the bakery **to** buy some bread.
= She went to the bakery **in order to** buy some bread.
= She went to the bakery **so as to** buy some bread.
그녀는 약간의 빵을 사기 위해서 빵집으로 갔다.

● 'in order to ~ / so as to ~'의 부정

to 앞에 **not**을 붙이면 되고 그 뜻은 '~하지 않기 위해서'가 된다.

in order not to~ = so as not to~

ex. Bill studied hard **in order not to** fail in the exam.
= Bill studied hard **so as not to** fail in the exam.
Bill은 시험에 떨어지지 않기 위해서 열심히 공부했다.

Tip! in order to가 to부정사보다 좀 더 정중한 표현이다.

2 목적을 나타내는 부정사를 부사절로 바꾸기

so that 주어 can / may~ 또는 in order that 주어 can / may~ 를 사용한다.

to 부정사 = so that 주어 can (may)~
= in order that 주어 can (may)~

ex. I drink a cup of coffee **to take** some rest. 나는 휴식을 취하려고 커피 한잔을 마신다.
= I drink a cup of coffee **so that** I **can** take some rest.
= I drink a cup of coffee **in order that** I **can** take some rest.

이 때, 앞 동사의 시제에 따라 can(may)은 could(might)가 된다는 것에 주의해야 한다.

ex. I drank a cup of coffee **to take** some rest. 나는 휴식을 취하려고 커피 한잔을 마셨다.
= I drank a cup of coffee **so that** I **could** take some rest.
= I drank a cup of coffee **in order that** I **could** take some rest.

주어진 문장을 구를 이용한 같은 표현의 문장으로 바꿔 보자.

1 Jane called the hospital to see a doctor.

= Jane called the hospital   *in order to see*   a doctor.

= Jane called the hospital   *so as to see*   a doctor.

2 We booked a restaurant in order to throw a party for Sam.

= We booked a restaurant _____ a party for Sam.

= We booked a restaurant _____ a party for Sam.

3 Kate went to the electronic market so as to purchase a new camera.

= Kate went to the electronic market _____ a new camera.

= Kate went to the electronic market _____ a new camera.

4 I open the window to get some fresh air.

= I open the window _____ some fresh air.

= I open the window _____ some fresh air.

5 She jogged every night to lose weight in a short period of time.

= She jogged every night _____ in a short period of time.

= She jogged every night _____ in a short period of time.

book 예약하다   throw a party 파티를 열다   electronic 전자의   purchase 구입하다

다음 중 알맞은 것을 골라 보자.

1 I went for a walk (in order not to fall, not in order to fall) asleep after lunch.

2 They lied to him (so as to not be, so as not to be) blamed.

3 He studied all day (to not fail, not to fail) the exam.

4 She doesn't do the laundry (in order not to wake, in not order to wake) her baby.

5 The celebrity wore a cap (so as to not show, so as not to show) his face in public.

다음 주어진 단어를 우리말에 알맞게 문장을 완성해 보자.

1 너는 할 일을 잊어버리지 않기 위해서 적어두어야만 한다.

You have to note down _____ *so as not to forget* _____ things to do.
(as, to, so, not, forget)

2 나는 미안한 마음이 들지 않도록 항상 나의 말을 조심한다.

I always watch out my words _____ sorry.
(to, order, not, feel, in)

3 나는 나의 부모님이 화가 나지 않도록 집에 일찍 온다.

I came home early _____ my parents upset.
(make, as, so, not, to)

4 너는 그 모임에 늦지 않기 위해서 시계를 차는 게 좋겠어.

You should wear a watch _____ for the meeting.
(late, to, not, be)

5 그는 교통체증에 들어서지 않으려고 일찍 퇴근했다.

He left work early _____ in a traffic jam.
(not, in, be, order, to)

in public 사람들 있는데서   note down 적어두다   things to do 할 일   watch out 조심하다   traffic jam 교통체증

정답 및 해설 **p.3**

다음은 주어진 문장을 절로 바꾼 것이다. 알맞은 것을 골라 보자.

1 We visited a local market in order to buy fresh ingredients.
= We visited a local market in order that we (may, might) buy fresh ingredients.

2 She is in a hurry so as to get on the shuttle bus.
= She is in a hurry so that she (can, could) get on the shuttle bus.

3 The people are standing in a line in order to buy a ticket.
= The people are standing in a line in order that they (may, might) buy a ticket.

4 We should work on the pronunciation in order to be more clear.
= We should work on the pronunciation in order that we (may, might) be more clear.

5 I went to a veterinary hospital so as to consult about my cat.
= I went to a veterinary hospital so that I (can, could) consult about my cat.

6 Spectators gave a standing ovation so as to express their appreciation.
= Spectators gave a standing ovation so that they (may, might) express their appreciation.

7 She turned around in order to talk to me.
= She turned around in order that she (may, might) talk to me.

8 You should do your best so as to gain a good result in this project.
= You should do your best so that you (can, could) gain a good result in this project.

9 I read an instruction manual to figure out how to fix the machine.
= I read an instruction manual in order that I (may, might) figure out how to fix the machine.

10 He headed out so as to find his dog.
= He headed out so that he (can, could) find his dog.

---

local market 로컬마켓, 동네시장   ingredient (요리의)재료   work on ~에 공들이다   pronunciation 발음
veterinary hospital 동물병원   consult 상담하다   spectator 관중   standing ovation 기립박수
appreciation 감사   instruction manual 취급 설명서   figure out 알아내다   machine 기계   head out 출발하다

주어진 단어를 이용하여 다음 두 문장이 같은 표현이 되도록 문장을 완성해 보자.

1 She bought a tableware set to give it to her as a present. (may)

= She bought a tableware set so that she _____*might give*_____ it to her as a present.

2 Jim sent me an e-mail to inform me of this. (can)

= Jim sent me an e-mail so that he _____ me of this.

3 He goes to graduate school so as to study more. (may)

= He goes to graduate school so that he _____ more.

4 I blend coffee to get a better taste. (may)

= I blend coffee in order that I _____ a better taste.

5 Daddy called me in order to give me a ride. (may)

= Daddy called me in order that he _____ me a ride.

6 She turned on the air conditioner so as to reduce the temperature. (may)

= She turned on the air conditioner so that she _____ the temperature.

7 He asks to mend a new shirt to give it to his son. (can)

= He asks to mend a new shirt in order that he _____ it to his son.

8 My sister went to the dentist to pull out a rotten tooth. (can)

= My sister went to the dentist so that she _____ a rotten tooth.

9 She wore a long piece of clothing so as to avoid getting a tan. (can)

= She wore a long piece of clothing so that she _____ getting a tan.

10 I raise my hand to ask him a question. (may)

= I raise my hand in order that I _____ him a question.

tableware set 식기세트 graduate school 대학원 blend 섞다 reduce 낮추다, 줄이다 temperature 온도
mend 수선하다 get a tan 햇볕에 타다

D 기본 TEST

정답 및 해설 p.3

다음 주어진 문장과 같은 표현의 문장을 완성해 보자.

1 He goes to the bakery in order to buy some bread.

= He goes to the bakery *to buy* some bread.

= He goes to the bakery *so as to buy* some bread.

= He goes to the bakery *in order that he may(can) buy* some bread.

= He goes to the bakery *so that he may(can) buy* some bread.

2 Tim sets the mousetrap to catch mice.

= Tim sets the mousetrap mice.

= Tim sets the mousetrap mice.

= Tim sets the mousetrap mice.

= Tim sets the mousetrap mice.

3 I bought a bouquet of flowers so that I might make her happy.

= I bought a bouquet of flowers her happy.

= I bought a bouquet of flowers her happy.

= I bought a bouquet of flowers her happy.

= I bought a bouquet of flowers her happy.

4 She waved at him so as to say goodbye.

= She waved at him goodbye.

= She waved at him goodbye.

= She waved at him goodbye.

= She waved at him goodbye.

---

mousetrap 쥐덫 **a bouquet of flowers** 꽃다발

다음 주어진 단어를 우리말에 알맞게 문장을 완성해 보자.

1 나는 그녀를 기쁘게 하기 위해서 그녀에게 데이트 신청을 했다.

I asked her out *in order to please her* .
(please, to, her, in, order)

2 엄마는 부엌을 엉망으로 만들지 않도록 요리 후 바로 청소했다.

Mom cleaned right after cooking .
(not, up, kitchen, to, the, mess)

3 우리는 집을 사기 위해서 돈을 모아야 한다.

We have to save money .
(to, a, buy, order, in, house)

4 연락할 수 있도록 당신의 이메일 주소를 주시겠습니까?

Could you give your email address ?
(as, keep, in, to, touch, so)

5 그는 머리를 자르기 위해서 이발소에 간다.

He goes to the barber shop hair cut.
(in, get, order, to)

6 그들은 길을 잃지 않으려고 택시를 서둘러 잡았다.

They grabbed a cab .
(so, not, to, as, lost, get)

7 그는 빙판길에서 미끄러지지 않기 위해서 천천히 걸었다.

He walked slow .
(ice, on, to, not, slip)

8 너는 추워지지 않도록 따뜻한 차를 마셔야만 한다.

You should drink a cup of hot tea .
(not, to, so, get, cold, as)

---

ask ~ out 데이트 신청하다 mess up 엉망으로 만들다 keep in touch 연락하다 barber shop 이발소
grab a cab 택시를 서둘러 잡다

정답 및 해설 **p.3**

다음 주어진 단어들을 이용하여 우리말을 구를 사용한 영어로 바꿔 보자.

1 She withdrew one million won *in order to pay* for the monthly rent. (in, pay)
그녀는 월세를 내기 위해서 백만 원을 인출했다.

2 I bought a pair of running shoes every evening. (so, run)
나는 매일 저녁 달리기 위해서 러닝화 한 켤레를 샀다.

3 We are to think positive gloomy. (so, be)
우울해지지 않기 위해서 우리는 긍정적으로 생각해야만 한다.

4 Jim went to the airport Helen. (in, see off)
Jim은 Helen을 배웅하기 위하여 공항으로 갔다.

5 Ann practiced hard the exam. (in, fail)
Ann은 시험에 떨어지지 않으려고 열심히 연습했다.

6 We need a scale these luggages. (so, weigh).
이 짐들의 무게를 재기 위해서 우리는 저울이 필요하다.

7 She circles a date on the calendar the appointment. (so, miss)
그녀는 약속을 놓치지 않기 위해서 달력에 날짜를 동그라미 친다.

8 I am looking at the album memories. (in, forget)
나는 추억들을 잊지 않으려고 앨범을 보고 있다.

9 He takes a shower everyday clean. (in, stay)
그는 (몸을) 깨끗하게 유지하기 위하여 매일 샤워를 한다.

10 He took a long breath to her. (so, shout)
그는 그녀에게 소리 지르지 않으려고 길게 숨을 쉬었다.

---

withdraw 인출하다 monthly rent 월세 gloomy 우울한 scale 저울 weigh 무게를 재다 circle 동그라미를 그리다

UNIT 3

to부정사의 수동태와 시제

1 to부정사의 수동태

💎 문장에 능동태와 수동태가 있듯이 to부정사에도 능동태와 수동태가 있다.

> **to** 부정사의 수동태 = **to be + P.P**
>
> *ex.* All the babies want to be loved. 모든 아기들은 사랑받기를 원한다.

2 to부정사의 시제

to부정사의 시제는 단순부정사와 완료부정사가 있다.

	단순 부정사		완료 부정사	
형태	to + 동사원형		to have + P.P	
쓰임	to부정사의 시제와 문장의 시제가 같은 경우		to부정사의 시제가 문장의 시제보다 더 먼저 일어난 일을 나타내는 경우	
시제	문장의 시제	부정사의 시제	문장의 시제	부정사의 시제
	현재	현재	현재	과거/현재완료
	과거	과거	과거	과거완료
예문	ex. She seems to meet him. 그녀는 그를 만나는 것처럼 보인다.		ex. She seems to have met him. 그녀는 그를 만났던 것처럼 보인다.	

3 절을 부정사로 바꾸기

to부정사의 시제와 문장의 시제가 같은 경우

ex. It seems that he is a model. 그는 모델인 것 같다.
= He seems to be a model. 〈단순부정사〉

ex. It seemed that he was a model. 그는 모델인 것 같았다.
= He seemed to be a model. 〈단순부정사〉

It seems that 주어 동사

주어 seems to부정사

to부정사의 시제가 문장의 시제보다 앞선 경우

ex. It seems that he was a model. 그는 모델이었던 것 같다.
= He seems to have been a model. 〈완료부정사〉

ex. It seemed that he had been a model. 그는 모델이었던 것 같았다.
= He seemed to have been a model. 〈완료부정사〉

A 기초 TEST

정답 및 해설 p.4

다음 문장의 태를 고르고 우리말에 알맞은 것을 골라 보자.

1 My favorite book is not in a bookshelf.
It seems (to remove, (to be removed)). (능동태, (수동태))
내가 가장 좋아하는 책이 책꽂이에 없다. 그것이 치워진 것처럼 보인다.

2 I asked Jane (to invite, to be invited) me next weekend. (능동태, 수동태)
나는 제인에게 다음주말에 초대해 달라고 요청했다.

3 We always try not (to attract, to be attracted) by sweets. (능동태, 수동태)
우리는 언제나 단것들에 유혹되지 않으려고 노력한다.

4 Mom told me (to clean, to be cleaned) up the bathroom. (능동태, 수동태)
엄마는 나에게 욕실을 청소하라고 말했다.

5 I want my bracelet (to repair, to be repaired) soon. (능동태, 수동태)
나는 내 팔찌가 빨리 수리되기를 바란다.

6 Celebrities like (to receive, to be received) attention of the media. (능동태, 수동태)
연예인들은 언론의 관심을 받는 것을 좋아한다.

7 This movie needs (to recognize, to be recognized) as a classic. (능동태, 수동태)
이 영화는 고전으로 인정받아야 한다.

8 I hope (to know, to be known) as a great pianist. (능동태, 수동태)
나는 대단한 피아니스트로 알려지기를 희망한다.

9 Visitors need (to register, to be registered) before they pass the gate. (능동태, 수동태)
방문객들은 문을 통과하기 전에 등록해야한다.

10 All the children hate (to punish, to be punished). (능동태, 수동태)
모든 아이들은 벌 받는 것을 몹시 싫어한다.

---

bookshelf 책꽂이 **clean up** 청소하다 **celebrity** 연예인, 유명인사 **classic** 고전 **register** 등록하다 **punish** 벌주다

다음 문장의 태를 고르고 우리말에 알맞은 것을 골라 보자.

1 He was satisfied (to choose, to be chosen) by classmates.　　(능동태, 수동태)
그는 반 친구들에 의해 뽑혀져서 매우 만족스러웠다.

2 I can not stand (to ignore, to be ignored) when I give an opinion.　(능동태, 수동태)
나는 의견을 낼 때, 무시당하는 것을 참을 수 없다.

3 Your bike needs (to repair, to be repaired).　　(능동태, 수동태)
네 자전거는 수리되어야 한다.

4 Mr. Jackson decided (to sell, to be sold) his old car.　　(능동태, 수동태)
Jackson씨는 그의 오래된 차를 팔기로 결심 했다.

5 Dan is delighted (to promote, to be promoted) at work.　　(능동태, 수동태)
Dan은 직장에서 승진되어 기쁘다.

6 They expected (to invite, to be invited) to the film festival.　(능동태, 수동태)
그들은 영화축제에 초대되어질 것을 기대했었다.

7 We did not expect Sam (to become, to be become) a book writer.　(능동태, 수동태)
우리는 샘이 작가가 될 거라고 기대하지 않았었다.

8 I like (to tell, to be told) what to do.　　(능동태, 수동태)
나는 무엇을 해야 할지 말해 주는 것을 좋아한다.

9 My bangs need (to cut, to be cut).　　(능동태, 수동태)
나의 앞머리는 잘라져야 한다.

10 He promised not (to be, to been) late for the next time.　(능동태, 수동태)
그는 다음번에는 늦지 않는다고 약속 했다.

stand 참다　ignore 무시하다　promote 승진시키다　bang 단발의 앞머리 (보통 복수)

B 기본 TEST

정답 및 해설 **p.4**

다음 문장의 태를 고르고 주어진 단어를 이용하여 우리말에 알맞게 영작 해보자.

1 Water needed *to be boiled* again. (boil)   (능동태, (수동태))
물은 다시 끓여져야 했다.

2 A nail needs with a hammer. (drive)   (능동태, 수동태)
못은 망치로 박아져야 한다.

3 I failed asleep. (get)   (능동태, 수동태)
나는 잠들기를 실패했다.

4 She hopes in a training program. (participate)   (능동태, 수동태)
그녀는 연수프로그램에 참가하길 희망했다.

5 I am very honored as a winner. (call)   (능동태, 수동태)
수상자로 불리게 되어 매우 영광입니다.

6 They allowed me a member of the committee. (be)   (능동태, 수동태)
그들은 내가 위원회 멤버가 되는 것을 허락했다.

7 A new athlete needs . (train)   (능동태, 수동태)
새로운 선수는 훈련되어져야 한다.

8 He decided the office. (renovate)   (능동태, 수동태)
그는 사무실을 보수하기로 결정했다.

9 It needs by express. (send)   (능동태, 수동태)
이것은 속달로 보내져야 합니다.

10 These chairs need in vinyl before painting
the wall. (cover)   (능동태, 수동태)
이 의자들은 벽에 페인트칠을 하기 전에 비닐로 덮어져야만 합니다.

---

drive a nail 못을 박다   committee 위원회   express 속달   vinyl 비닐   renovate 보수하다/개조하다

C 기본 TEST

주어진 문장의 부정사의 시제를 고른 후, 알맞은 우리말을 골라 보자.

1 He seems to be sad.　　　　　　　　　　　　　　(단순) 완료) 부정사

그는 (슬픈 것, 슬펐던 것) (같다) 같았다).

He seems to have been sad.　　　　　　　　　　　(단순, 완료) 부정사

그는 (슬픈 것, 슬펐던 것) (같다, 같았다).

He seemed to be sad.　　　　　　　　　　　　　　(단순, 완료) 부정사

그는 (슬픈 것, 슬펐던 것) (같다, 같았다).

2 She seemed to meet Tom.

그녀는 Tom을 (만나는 것, 만났던 것) (같다, 같았다).　　(단순, 완료) 부정사

She seems to have met Tom.

그녀는 Tom을 (만나는 것, 만났던 것) (같다, 같았다).　　(단순, 완료) 부정사

She seems to meet Tom.

그녀는 Tom을 (만나는 것, 만났던 것) (같다, 같았다).　　(단순, 완료) 부정사

3 Jason appears to have known Tom.　　　　　　　(단순, 완료) 부정사

Jason은 Tom을 (아는 것, 알았던 것)처럼 (보인다, 보였다)

Jason appears to know Tom.　　　　　　　　　　(단순, 완료) 부정사

Jason은 Tom을 (아는 것, 알았던 것)처럼 (보인다, 보였다)

Jason appeared to know Tom.　　　　　　　　　　(단순, 완료) 부정사

Jason은 Tom을 (아는 것, 알았던 것)처럼 (보인다, 보였다)

D 기본 TEST

정답 및 해설 **p.4**

다음 주어진 문장의 절의 시제를 고르고 알맞은 것을 골라 보자.

1 It <u>seems</u> that the girl <u>is</u> very kind.
　(현재, 과거)　　　　(현재, 현재완료, 과거, 과거완료)
= The girl (seems, seemed) to (be, have been) very kind.　　　(단순, 완료) 부정사

It <u>seems</u> that the girl <u>was</u> very kind.
　(현재, 과거)　　　　(현재, 현재완료, 과거, 과거완료)
= The girl (seems, seemed) to (be, have been) very kind.　　　(단순, 완료) 부정사

It <u>seems</u> that the girl <u>has been</u> very kind.
　(현재, 과거)　　　　(현재, 현재완료, 과거, 과거완료)
= The girl (seems, seemed) to (be, have been) very kind.　　　(단순, 완료) 부정사

It <u>seemed</u> that the girl <u>was</u> very kind.
　(현재, 과거)　　　　(현재, 현재완료, 과거, 과거완료)
= The girl (seems, seemed) to (be, have been) very kind.　　　(단순, 완료) 부정사

It <u>seemed</u> that the girl <u>had been</u> very kind.
　(현재, 과거)　　　　(현재, 현재완료, 과거, 과거완료)
= The girl (seems, seemed) to (be, have been) very kind.　　　(단순, 완료) 부정사

2 It <u>appears</u> that he <u>has done</u> this.
　(현재, 과거)　　　　(현재, 현재완료, 과거, 과거완료)
= He (appears, appeared) to (do, have done) this.　　　(단순, 완료) 부정사

It <u>appears</u> that he <u>did</u> this.
　(현재, 과거)　　　　(현재, 현재완료, 과거, 과거완료)
= He (appears, appeared) to (do, have done) this.　　　(단순, 완료) 부정사

It <u>appears</u> that he <u>does</u> this.
　(현재, 과거)　　　　(현재, 현재완료, 과거, 과거완료)
= He (appears, appeared) to (do, have done) this.　　　(단순, 완료) 부정사

It <u>appeared</u> that he <u>had done</u> this.
　(현재, 과거)　　　　(현재, 현재완료, 과거, 과거완료)
= He (appears, appeared) to (do, have done) this.　　　(단순, 완료) 부정사

It <u>appeared</u> that he <u>did</u> this.
　(현재, 과거)　　　　(현재, 현재완료, 과거, 과거완료)
= He (appears, appeared) to (do, have done) this.　　　(단순, 완료) 부정사

Chapter 1　**33**

다음 주어진 문장을 부정사로 나타내보자.

1 It <u>seems</u> that he <u>is</u> worried about his puppy.
　　(현재, 과거)　　　　(현재, 현재완료, 과거, 과거완료)
　= 　　　*He seems to be worried*　　　 about his puppy.　　　(단순, 완료) 부정사

2 It <u>seems</u> that Kate <u>became</u> a ballerina.
　　(현재, 과거)　　　　(현재, 현재완료, 과거, 과거완료)
　= 　　　　　　　　　　　　　　　　　　 a ballerina.　　　(단순, 완료) 부정사

3 It <u>seemed</u> that my brother <u>had done</u> well in math exam.
　　(현재, 과거)　　　　　　(현재, 현재완료, 과거, 과거완료)
　= 　　　　　　　　　　　　　　　　　　 well in math exam.　　　(단순, 완료) 부정사

4 It <u>appears</u> that they <u>are</u> bored.
　　(현재, 과거)　　　　(현재, 현재완료, 과거, 과거완료)
　= 　　　　　　　　　　　　　　　　　　 bored.　　　(단순, 완료) 부정사

5 It <u>appears</u> that he <u>has been</u> surprised at the news.
　　(현재, 과거)　　　　(현재, 현재완료, 과거, 과거완료)
　= 　　　　　　　　　　　　　　　　　　 surprised at the news.　　　(단순, 완료) 부정사

6 It <u>seemed</u> that she <u>was</u> on time.
　　(현재, 과거)　　　　(현재, 현재완료, 과거, 과거완료)
　= 　　　　　　　　　　　　　　　　　　 on time.　　　(단순, 완료) 부정사

7 It <u>seems</u> that the camera <u>has been</u> out of work.
　　(현재, 과거)　　　　　　(현재, 현재완료, 과거, 과거완료)
　= 　　　　　　　　　　　　　　　　　　 out of work.　　　(단순, 완료) 부정사

8 It <u>appeared</u> that she <u>had done</u> her best.
　　(현재, 과거)　　　　　　(현재, 현재완료, 과거, 과거완료)
　= 　　　　　　　　　　　　　　　　　　 her best.　　　(단순, 완료) 부정사

---

puppy 강아지　out of work 고장 난

다음 주어진 문장을 부정사로 나타내보자.

1 It <u>seems</u> that she <u>has eaten</u> too much before coming.
　　(현재, 과거)　　　　(현재, 현재완료, 과거, 과거완료)

　= *She seems to have eaten*　too much before coming.　　(단순, 완료) 부정사

2 It <u>seemed</u> that Susan <u>had stayed</u> at the hotel.
　　(현재, 과거)　　　　(현재, 현재완료, 과거, 과거완료)

　=　　　　　　　　　　　　　at the hotel.　　(단순, 완료) 부정사

3 It <u>appears</u> that they <u>traveled</u> all over the world.
　　(현재, 과거)　　　　(현재, 현재완료, 과거, 과거완료)

　=　　　　　　　　　　　　all over the world.　　(단순, 완료) 부정사

4 It <u>appears</u> that she <u>has made</u> a decision.
　　(현재, 과거)　　　　(현재, 현재완료, 과거, 과거완료)

　=　　　　　　　　　　　　a decision.　　(단순, 완료) 부정사

5 It <u>seemed</u> that she <u>was</u> very healthy.
　　(현재, 과거)　　　　(현재, 현재완료, 과거, 과거완료)

　=　　　　　　　　　　　　very healthy.　　(단순, 완료) 부정사

6 It <u>seemed</u> that Tom <u>had corrected</u> his bad habit.
　　(현재, 과거)　　　　(현재, 현재완료, 과거, 과거완료)

　=　　　　　　　　　　　　his bad habit.　　(단순, 완료) 부정사

7 It <u>appears</u> that she <u>is</u> Ann's real daughter.
　　(현재, 과거)　　　　(현재, 현재완료, 과거, 과거완료)

　=　　　　　　　　　　　　Ann's real daughter.　　(단순, 완료) 부정사

8 It <u>appears</u> that he <u>majored</u> in economics at Harvard university.
　　(현재, 과거)　　　　(현재, 현재완료, 과거, 과거완료)

　=　　　　　　　　　　　　in economics at Harvard university.　　(단순, 완료) 부정사

다음 중 우리말 문장의 시제와 부정사의 시제를 고른 후, 알맞은 것을 골라 보자.

1 그녀는 Jim의 쿠키를 먹어본 것 같았다.　　　　　　　　　　(단순, 완료) 부정사

She (appears, appeared) to (eat, have eaten) Jim's cookies.

2 엄마는 그녀의 병을 이겨낸 것 같다.　　　　　　　　　　(단순, 완료) 부정사

Mom (seems, seemed) to (overcome, have overcome) her disease.

3 너는 고등학생인 것처럼 보인다.　　　　　　　　　　(단순, 완료) 부정사

You (appear, appeared) to (be, have been) a high school student.

4 Mark는 불편한 것 같다.　　　　　　　　　　(단순, 완료) 부정사

Mark (seems, seemed) to (be, have been) uneasy.

5 그녀는 내가 말한 것들을 이해하는 것 같다.　　　　　　　　　　(단순, 완료) 부정사

She (seems, seemed) to (understand, have understood) what I said.

6 너의 노트북이 도난당한 것 같았다.　　　　　　　　　　(단순, 완료) 부정사

Your laptop (seems, seemed) to (be stolen, have been stolen).

7 그는 지적인 것처럼 보인다.　　　　　　　　　　(단순, 완료) 부정사

He (appears, appeared) to (be, have been) intelligent.

8 그 여자들은 캐나다에 가봤던 것처럼 보인다.　　　　　　　　　　(단순, 완료) 부정사

The women (seem, seemed) to (have, have been) in Canada.

9 그 남자는 운동화 모으기를 좋아하는 것 같다.　　　　　　　　　　(단순, 완료) 부정사

The man (seems, seemed) to (prefer, have prefer) collecting sneakers.

10 그들은 심하게 말다툼을 한 것처럼 보인다.　　　　　　　　　　(단순, 완료) 부정사

They (appear, appeared) to (argue, have argued) badly.

---

overcome 극복하다/이겨내다　disease 병　intelligent 똑똑한

실력 TEST

주어진 문장의 시제와 부정사의 시제를 고른 후, 절로 바꿔 보자.

1 You seem to be a psychologist.

(단순, 완료) 부정사

= *It seems that you are a psychologist.*

2 He seems to fall in love with Amy.

(단순, 완료) 부정사

=

3 Tony appears to have seen this movie.

(단순, 완료) 부정사

=

4 She seemed to have bought the ring.

(단순, 완료) 부정사

=

5 You seem to be so busy at this moment.

(단순, 완료) 부정사

=

6 He appeared to like you.

(단순, 완료) 부정사

=

7 They appear to have made a mistake.

(단순, 완료) 부정사

=

8 The foreigner seems to enjoy Korean food.

(단순, 완료) 부정사

=

9 David appeared to have spoken Chinese very well.

(단순, 완료) 부정사

=

10 The castle appeared to have been built 100 years ago.

(단순, 완료) 부정사

=

---

psychologist 심리학자   mistake 실수

UNIT 4 대부정사와 독립부정사

1 대부정사

대부정사란 앞에 나오는 부정사의 반복을 피하기 위해 to부정사에서 동사원형을 생략하고 to만 써 주는 것을 말한다. 주로 love. like. want. expect... 등의 동사 뒤에 많이 쓰인다.

ex. She asked him to go to the carnival,
but he didn't want to ~~go to the carnival~~.
그녀는 그에게 축제에 가자고 했으나, 그는 (축제에 가기를) 원치 않았다.

2 독립부정사

주로 문장 앞에서 독립적으로 사용되면서 문장 전체를 꾸며 준다.

to say the least	조금도 과장하지 않고
not to mention of~ / not to speak of~	～은 말할 것도 없고
to say nothing of~	～은 말할 것도 없고
to be sure	확실히
to sum up	요약하자면
to be brief	요컨대
to make a long story short	요약해서 짧게 말하면
to begin / start with	처음에는
so to speak	말하자면
needless to say	말할 필요도 없이

ex. To say the least, so do I.
조금도 과장하지 않고, 나도 그래.

She speaks English well, not to mention of French.
그녀는 불어는 물론이고 영어도 잘해.

To make a long story short, he is an optimist.
요약해서 짧게 말하면, 그는 낙천주의자이다.

다음 밑줄 친 to의 역할을 골라 보자.

1 I will review your essay if you want me <u>to</u>. (전치사, (대부정사))

2 There is a car next <u>to</u> you. (전치사, 대부정사)

3 He wants to watch a movie with me. And I'd love <u>to</u>. (전치사, 대부정사)

4 She can leave in advance if she wants <u>to</u>. (전치사, 대부정사)

5 Don't help her unless you need <u>to</u>. (전치사, 대부정사)

6 Where do you return <u>to</u>? (전치사, 대부정사)

7 Are you looking for someone to talk <u>to</u>? (전치사, 대부정사)

다음 생략할 수 있는 부분은 줄로 지우고 생략할 수 있는 부분이 없으면 X표 해 보자.

1 Would you show me your recent paintings?
- Of course, I'd love to ~~show you them.~~

2 Could you hand out a brochure to the participants here?

3 You can stay with me if you want to stay.

4 Mom asked me to clean up after cooking, but I forgot to clean.

5 He is known to all the students.

6 Ask him, if you need to ask him.

7 Today's session is cancelled due to heavy snow.

---

essay 에세이, 과제물 **in advance** 미리 **hand out** 나누어주다 **heavy snow** 대설 **session** 회기
cancel 취소하다 **due to** ~기인하는 / 때문에

다음 생략된 부분을 써 넣어 보자.

1 You can sleep more if you want to *sleep more* .

2 I offered to replace her shift if she wants to _____ .

3 A: He wants to learn how to swim.
B: Do you want to _____ , too?

4 You can borrow my umbrella if you want to _____ .

5 He offers to change the shift but she refused to _____ .

다음 주어진 단어를 우리말에 알맞게 문장을 완성해 보자.

1 샘은 그녀를 찾지 못했지만 여전히 그녀를 찾기를 희망한다.

Sam did not find her *but he still hopes to* .
(hopes, but, he, to, still)

2 나는 그녀가 나에게 요청한대로 그녀를 홀로 두었다.

I left her alone _____ .
(she, me, to, as, asked)

3 그는 요리해주기로 약속했으니, 내일 나에게 요리를 해줄 거야.

He will cook for me tomorrow _____ .
(to, as, he, me, promised)

4 그들은 내가 동의한다면 함께 사는 것을 제안했다.

They proposed to live together _____ .
(agree, to, if, I)

5 그녀가 그에게 외출하지 말라고 했을지라도 그는 외출했다.

He went out _____ .
(she, him, not, to, though, asked)

---

replace 대신하다   **shift** 근무시간

다음 보기에서 우리말에 알맞은 것을 골라 써 넣어 보자.

| 보기 |

to be brief	to say the least
to sum up	to make a long story short
needless to say	to say nothing of~
to begin/start with	not to mention of~ / not to speak of~
so to speak	to be sure

1 요컨대   *to be brief*

2 말하자면

3 ~은 말할 것도 없고   *t*

4 처음에는

5 확실히

6 ~은 말할 것도 없고   *n*

7 요약해서 짧게 말하면

8 요약하자면

9 말할 필요도 없이

10 조금도 과장하지 않고

다음 우리말에 알맞게 문장을 완성해 보자.

1 처음에는 영어를 배우고 싶지 않았어요.

To begin with / To start with , I did not want to learn English.

2 그의 지식은 폭넓어. 그는 말하자면 백과사전이야.

His knowledge is broad. He is,   , an encyclopedia.

3 확실히 너희 둘 다 서로에게 진정한 친구가 될 수 있어.

                              , both of you can be true friends each other.

4 그는 이탈리아어는 말할 것도 없고 터키어도 쓸 수 있다.

He can write Turkish   Italian.

5 말할 필요도 없이 이건 너의 잘못이야.

                              , it is your fault.

6 요컨대, 그는 너무 서툴렀어.

                              , he was so clumsy.

7 그녀는 과학은 말할 것도 없고 수학도 잘해

She is also good at Math   Science.

8 요약하자면, 이 리포트는 매우 긍정적이야.

                              , this report is very positive.

9 조금도 과장하지 않고 난 충격 먹었어.

I was shocked   .

10 요약해서 짧게 말한다면, 나는 너의 컴퓨터를 고치지 못했어.

                              , I couldn't fix your computer.

replace 대신하다   **shift** 근무시간

01 다음 밑줄 친 곳과 바꾸어 쓸 수 있는 것을 고르시오.

> No one <u>is to</u> be seen at night.

① is going to
② is destined to
③ can
④ must
⑤ should

02 빈칸에 들어갈 알맞은 말을 고르시오.

> She went to the book store
> _____ buy his best-selling book.

① so that
② to
③ for
④ and
⑤ but

[03–04] 다음 밑줄 친 부분의 쓰임이 나머지와 <u>다른</u> 하나는?

03

① She is to go <u>to</u> the cinema.
② He is <u>to</u> stay at home.
③ You are <u>to</u> do your homework.
④ I am <u>to</u> see her near the square.
⑤ They are <u>to</u> call their grandmother.

04

① I went to her office <u>to</u> see her.
② She called me in order <u>to</u> make an appointment.
③ He bought a small gift so as <u>to</u> make her happy.
④ She turned on the radio to listen <u>to</u> the news.
⑤ We are here <u>to</u> see you.

05 다음 밑줄 친 부분을 that을 사용하여 바르게 바꾸어 보시오.

> Mr. Brewster drives in a nail on the wall <u>in order to</u> hang a picture.

drive in a nail 못을 박다.

→ _____

_____

_____

[06–08] 다음 대화를 읽고 물음에 답하시오.

Sam : Where are you going, Jimmy?

Jimmy : I am going ⓐto the post office so as ⓑto send a birthday card for one of my friends. How about you?

Sam : What a coincidence! I am also on the way ⓒto the post office in order ⓓto buy some stamps. Actually, my sister asked me ⓔto (   ).

Jimmy : That's great. Let's go together.

---

coincidence 우연의 일치

06 밑줄 친 ⓐ~ⓔ 중, to의 용법이 같은 것끼리 짝지어진 것은?

① ⓐ, ⓑ
② ⓒ, ⓔ
③ ⓑ, ⓓ
④ ⓑ, ⓒ
⑤ ⓓ, ⓔ

07 괄호 안에 생략된 내용으로 적절한 것을 고르시오.

① meet you
② go to the post office
③ buy some stamps
④ send a birthday card
⑤ go together

08 다음 빈칸에 주어진 단어들을 알맞은 순서로 나열하시오.

I know Sandra _____ her husband.

(to, not, of, mention)

→ _____

[09–10] 다음 밑줄 친 부분과 쓰임이 같은 것을 고르시오.

09

We <u>are to</u> attend a party this Saturday.

① You are to follow the law.
② I am to buy some milk tonight.
③ You are to be divorced anyway.
④ She is to be on time.
⑤ They are to observe the rules.

10

They <u>are to</u> observe the law.

observe the law 법을 따르다

① She is to keep the regulations.
② He is to send a card for you.
③ We are to have two babies.
④ She is to be on time.
⑤ I am to become a doctor.

11 다음 주어진 절을 부정사로 바꿀 때 주어진 동사를 빈칸에 알맞은 시제로 바꾸시오.

> It seemed that he had bought this magazine.

→ He seemed to _____ this magazine. (buy)

12 주어진 동사를 문맥에 맞게 빈칸에 넣으시오.

> His old book is to (sell) _____ at an auction.

auction 경매

→ _____

13 다음 문장에서 문맥상 틀린 부분을 찾아 바르게 고쳐 쓰시오.

> You need to see a doctor right now. You seem to had a bad cold.

_____

→ _____

14 다음 중 어법상 **틀린** 것을 고르시오.

① He seemed to been a teacher.
② I meet him to say sorry.
③ You are to speak up.
④ She hates me to be sure.
⑤ She appeared to have been there.

15 다음 밑줄 친 부분에 가장 잘 어울리는 독립부정사를 고르시오.

> There are more than a thousand people _____.

① not to speak of
② to make a long story short
③ needless to say
④ to say the least
⑤ to begin with

16 다음 우리말에 맞게 빈칸에 알맞은 것을 고르시오.

> She moves to Seoul so that she _____ reduce her commuting time.
> 그녀는 출퇴근 시간을 줄이기 위해 서울로 이사한다.

reduce 줄다

① might
② should
③ could
④ has to
⑤ may

[17–18] 다음 글을 읽고 물음에 답하시오.

> My best friend, Sunny, went to Canada last night in order to meet her family. Usually she takes a Limousine bus to go to the airport. But her time schedule was so late to get on a bus. She asked me to drive her to the airport. I was pleased to ⓐ.

17 다음 밑줄 친 ⓐ에 생략된 내용을 본문에서 찾아 고르시오.

① meet her family
② take a Limousine bus
③ get on a bus
④ ask me
⑤ drive her to the airport

18 다음 우리말에 맞도록 that을 사용하여 본문의 내용에 맞게 영작하시오.

> Sunny는 제시간에 비행기를 타기 위해 그녀의 친구에게 공항에 데려다 달라고 부탁했다.

→ Sunny asked her friend to drive her

to the airport _____

_____

the flight on time.

19 두 문장이 같은 뜻이 되도록 빈칸에 알맞은 말을 골라보시오.

> She seemed not to be promoted.
> = It seemed _____ promoted.

① that she is not
② that she has not
③ that she was not
④ that she had not
⑤ that she was not been

20 다음 두 문장에서 not이 들어갈 위치를 순서대로 알맞게 짝지은 것을 고르시오.

> - I visited the city hall ⓐ in ⓑ order ⓒ to ⓓ meet ⓔ the deputy mayor.
> - She ⓐ baked ⓑ a carrot cake ⓒ so ⓓ as ⓔ to celebrate the first anniversary of the marriage.

deputy mayor 부시장

① ⓐ – ⓒ
② ⓓ – ⓓ
③ ⓒ – ⓔ
④ ⓓ – ⓔ
⑤ ⓒ – ⓐ

[01–02] 다음 글을 읽고 물음에 답하시오.

I had a pleasant conversation with Jane. She talks ⓐ to me about her plan. Jane intends to study in China after graduating a high school. She was born in China and moved ⓑ to Korea when she was 8 years old. She went ⓒ to a foreign language high school therefore she could continue to learn Chinese. Now she seems ⓓ to be ready for the adventure.

01 밑줄 친 문장을 to부정사의 형용사적 용법을 사용하여 다시 쓰시오.

→ _____

_____

_____

02 밑줄 친 to 중에서 쓰임이 <u>다른</u> 하나를 고르고, 그 쓰임을 쓰시오

① ⓐ

② ⓑ

③ ⓒ

④ ⓓ

⑤ 쓰임이 모두 같음

→ _____

[03–05] 다음 두 문장이 뜻이 같도록 빈칸에 알맞은 것을 고르시오.

03

She seemed to _____ him.
= It seemed that she had known him

① knew

② know

③ be known

④ have known

⑤ had known

04

He yelled at me _____ warn me against cars.
= He yelled at me to warn me against cars.

① so as to

② instead of

③ after

④ for

⑤ in order that

05

I hope to _____ by them
= I hope that they elect me.

① elect

② be elected

③ have elected

④ been elected

⑤ elect me

06 우리말에 알맞게 괄호안의 단어를 배열하여 보시오.

> 만일 네가 선생님이 될 작정이라면, 너는 지금보다 더 열심히 공부해야만 한다.
>
> (teacher, you, are, be, a, if, to)

→ _____ ,

you must study harder than now.

07 to를 사용하여 두 문장을 연결하시오.

> - My parents rent a restaurant.
> - They want to hold a party for my birthday.

→ _____

_____

08 목적의 의미로 사용된 to를 대신하여 사용할 수 있는 것 두 개를 고르시오.

① in order to
② so as to
③ into
④ too
⑤ so that

09 다음 중 빈칸에 들어갈 수 있는 것 두 개를 고르시오.

> The teacher asked Sumi to empty the trash can. But she does not want _____ .

① to empty the trash can
② emptying the trash can
③ to
④ for emptying the trash can
⑤ doing it

10 우리말과 같은 뜻이 되도록 빈칸에 들어갈 수 있는 것을 고르시오.

> 처음에는, 나는 너의 목소리가 마음에 들었어.
> _____ , I liked your voice.

① To begin with
② Needless to say
③ To be brief
④ To sum up
⑤ To say the least

11 다음 중 밑줄 친 부분을 알맞게 고친 것을 고르시오.

> She knows a lot about the arts.
> She seems to study the arts
> when she was young.

① studying
② have studied
③ had studied
④ studied
⑤ having studied

12 다음 문장들에 공통적으로 들어갈 수 있는 단어를 고르시오.

> - She likes candies not _____
>   speak of chocolates.
> - He likes one of his classmates
>   _____ be sure.

① to
② as
③ of
④ for
⑤ with

13 다음 두 문장의 뜻이 같아지도록 빈칸에 알맞은 것을 쓰시오.

> Sam seemed to be very upset.
> = It seemed that Sam
> _____ very upset.

→ _____

14 다음 빈칸에 들어갈 말이 알맞게 짝지어진 것을 고르시오.

> He failed _____ as a
> main actor. However he seemed
> _____ the result.

① choosing – to have known
② to choose – to known
③ to be chosen – to have known
④ to be chosen – to have been known
⑤ being chosen – to know

15 다음 중 뜻이 다른 한 문장을 고르시오.

① She ought to obey her parents.
② She must obey her parents.
③ She is to obey her parents.
④ She is destined to obey her parents.
⑤ She is obliged to obey her parents.

16 다음 우리말에 맞게 괄호 안의 단어를 배열하여 문장을 완성하시오.

> 만약 네가 빠르게 요리하고 싶다면, 양파는 미리 다 져져야만 한다.
> (in, onions, to, chopped, be, have, advance)

in advance 미리/앞서

→ If you cook fast, _____

_____

_____

17 다음 괄호 안의 동사를 알맞은 형태로 고치시오.

> All the parents have to (respect) _____ by their children.

→ _____

18 다음 우리말에 맞도록 괄호 안에 각각 알맞은 것을 고르시오.

> 이 자전거는 고장 난 것처럼 보인다.
> This bike (seems, seemed) to (be broken, have been broken).

[19~20] 다음 대화를 읽고 물음에 답하시오.

> *Minhee* : Have you been to the new cafe next to your store?
> ⓐ You seem to know that place.
> *Tom* : No, I haven't. And you?
> *Minhee* : Oh, I've never been there.
> It looks fantastic.
> Would you like to visit the cafe?
> *Tom* : I'd love to___ⓑ___. I think Cindy also wants to___ⓒ___.
> Let me call her.
> *Minhee* : Just a moment. She is over there. Hey! Cindy~

19 다음 밑줄 친 ⓐ에 해당하는 문장을 It을 사용하여 아래의 우리말과 뜻이 같도록 영작하시오.

> 네가 그곳을 아는 것처럼 보인다.

→ It _____

_____

20 다음 중 ⓑ, ⓒ에 공통적으로 생략된 것을 본문에서 찾아 쓰시오.

→ _____

Chapter 2

동명사

동명사란?

1 동명사와 부정사를 취함으로서 의미의 차이를 가지는 동사

remember, forget, try, stop은 동명사와 부정사 둘 다를 목적어로 취할 수 있지만 목적어에 따라 그 의미가 달라진다.

remember	+ ~ing	~한 것을 기억하다
	+ to부정사	~해야 하는 것을 기억하다
forget	+ ~ing	~한 것을 잊다
	+ to 부정사	~해야 하는 것을 잊다
try	+ ~ing	(시험 삼다) ~해보다
	+ to 부정사	~하려고 노력하다(시도하다)
stop	+ ~ing	~하는 것을 멈추다
	+ to 부정사	~하기 위해서 멈추다

ex. **He remembered going to the party.** 그는 그 파티에 갔던 것을 기억했다.
He remembered to go to the party. 그는 그 파티에 갈 것을 기억했다.

2 동명사의 의미상의 주어

ⓐ 문장의 주어와 동명사의 의미상의 주어가 같을 때 의미상의 주어를 생략한다.

ex. **He enjoys ~~his~~ skiing.** 그는 그가 스키 타는 것을 즐긴다.

ⓑ 문장의 주어와 동명사의 주어가 다를 때 동명사의 의미상의 주어를 반드시 써 주어야 하며, 그 위치는 동명사 바로 앞에 온다.

ex. **I like her singing.** 나는 그녀가 노래하는 것을 좋아한다.

ⓒ 동명사의 주어가 일반인 (we, you, they, people...)인 경우 생략한다.

3 동명사의 부정

동명사 바로 앞에 not, never, no를 붙인다.

ex. **Mom likes his not playing PC games any more.**
엄마는 그가 더 이상 PC 게임을 하지 않는 것을 좋아하신다.

4 전치사의 목적어로 쓰이는 동명사, 동명사를 이용한 주요 구문

ⓐ 전치사의 목적어로서의 동명사

be interested in ~ing	~에 관심있다
thank A for ~ing	A에게 ~에 대해 감사하다
be fond of ~ing	~을 좋아하다
be proud of ~ing	~을 자랑스러워하다
be good (bad/poor) at ~ing	~을 잘(못)한다
be afraid of ~ing	~을 두려워(염려)하다
be worried about ~ing	~에 대해 걱정(근심)하다
look forward to ~ing	~하는 것을 고대하다
be tired of ~ing	~하는 것이 지겹다(싫증나다)

ex. He is interested in cooking noodle. 그는 국수요리하는데 관심이 있다.

ⓑ 동명사를 이용한 주요 구문
동명사를 이용하여 숙어로 사용된다.

be busy ~ing	~하느라 바쁘다
feel like ~ing	~하고 싶다
go ~ing	~하러 가다(운동, 레저, 쇼핑)
cannot help ~ing	~하지 않을 수 없다
spend + 시간(돈) ~ing	~하는 데 시간(돈)을 보내다(쓰다)
be worth ~ing	~할 가치가 있다

ex. She is busy washing. 그녀는 설거지하느라 바쁘다.

UNIT 1 동명사와 부정사

동명사만을 목적어로 취하는 동사와 to부정사만을 목적어로 취하는 동사, 그리고 둘 다 취할 수 있는 동사가 있다.

1 부정사만 목적어로 갖는 동사

미래에 있을 일을 나타낸다.

소원, 기대, 필요, 요구, 선호	want wish hope expect need demand would like
계획, 결심, 약속	plan decide promise
제안, 선택, 동의, 거절	offer choose agree refuse
기타	learn fail manage tend ~을 하기 쉽다 pretend ~인 척하다

ex. **We planned to** stay at home during the vacation. 우리는 휴가동안 집에 머무르기로 계획했다.

2 동명사만 목적어로 갖는 동사

주로 경험하고 있는 일을 나타낸다.

계속, 연습	keep practice
종료, 연기, 포기, 거부, 회피	finish quit delay postpone give up deny avoid
즐김, 꺼림, 상상, 감사	enjoy mind imagine appreciate
고려, 제안, 금지	consider 고려하다 suggest 제안하다 prohibit 금지하다

ex. **He quit** smoking. 그는 담배를 끊었다.

3 부정사와 동명사 모두를 목적어로 취할 수 있는 동사

좋음, 싫음, 선호	love like hate prefer
시작, 계속	begin start continue
의도	intend 의도하다

ex. **I like to** read a book before going to bed. 나는 잠자기 전에 책 읽는 것을 좋아한다.

* 이번 unit은 중등영문법 1a와 일부 중복하고 추가해서 공부합니다.

부정사나 동명사를 취하는 동사들이다. 주어진 동사 뒤에 올 수 있는 알맞은 형태를 골라 보자. (두개 가능)

1 learn (to~, ~ing)

2 refuse (to~, ~ing)

3 delay (to~, ~ing)

4 intend (to~, ~ing)

5 agree (to~, ~ing)

6 imagine (to~, ~ing)

7 finish (to~, ~ing)

8 pretend (to~, ~ing)

9 manage (to~, ~ing)

10 prefer (to~, ~ing)

11 postpone (to~, ~ing)

12 need (to~, ~ing)

13 practice (to~, ~ing)

14 mind (to~, ~ing)

15 suggest (to~, ~ing)

16 quit (to~, ~ing)

17 consider (to~, ~ing)

18 expect (to~, ~ing)

19 give up (to~, ~ing)

20 continue (to~, ~ing)

21 avoid (to~, ~ing)

22 love (to~, ~ing)

23 would like (to~, ~ing)

24 offer (to~, ~ing)

부정사나 동명사를 취하는 동사들이다 주어진 동사 뒤에 올 수 있는 알맞은 형태를 골라 보자. (두개 가능)

1 enjoy (to, ~ing)

2 decide (to, ~ing)

3 like (to, ~ing)

4 keep (to, ~ing)

5 deny (to, ~ing)

6 hope (to, ~ing)

7 start (to, ~ing)

8 hate (to, ~ing)

9 want (to, ~ing)

10 begin (to, ~ing)

11 plan (to, ~ing)

12 refuse (to, ~ing)

13 imagine (to, ~ing)

14 delay (to, ~ing)

15 learn (to, ~ing)

16 prefer (to, ~ing)

17 manage (to, ~ing)

18 agree (to, ~ing)

19 intend (to, ~ing)

20 postpone (to, ~ing)

21 finish (to, ~ing)

22 need (to, ~ing)

23 pretend (to, ~ing)

24 practice (to, ~ing)

부정사나 동명사를 취하는 동사들이다 주어진 동사 뒤에 올 수 있는 알맞은 형태를 골라 보자. (두개 가능)

1 love (to) (~ing)

2 mind (to, ~ing)

3 consider (to, ~ing)

4 would like (to, ~ing)

5 quit (to, ~ing)

6 suggest (to, ~ing)

7 offer (to, ~ing)

8 give up (to, ~ing)

9 expect (to, ~ing)

10 avoid (to, ~ing)

11 continue (to, ~ing)

12 pretend (to, ~ing)

13 agree (to, ~ing)

14 refuse (to, ~ing)

15 postpone (to, ~ing)

16 delay (to, ~ing)

17 intend (to, ~ing)

18 imagine (to, ~ing)

19 manage (to, ~ing)

20 learn (to, ~ing)

21 hate (to, ~ing)

22 prefer (to, ~ing)

23 practice (to, ~ing)

24 finish (to, ~ing)

다음 중 알맞은 것을 모두 골라 보자.

1 Mom enjoys (to go, (going)) to the spa.

2 Amy expects (to receive, receiving) a letter from China.

3 Why do you pretend (to understand, understanding) the class?

4 He doesn't finish (to speak, speaking) to Susan.

5 I intend (to visit, visiting) Gyeongbok palace.

6 When I was a kid, I learned (to play, playing) the flute.

7 I hate your (to yell, yelling) at me.

8 Tom is denying (to break, breaking) the window with a baseball.

9 She can not refuse (to eat, eating) chocolate cookies.

10 What color do you prefer (to wear, wearing)?

11 I don't mind at all (to share, sharing) pens with you.

12 May I offer (to show, showing) you around?

13 I would like (to take, taking) a nap.

14 You should consider (to move, moving) this spring.

15 She always hopes (to live, living) in Europe.

palace 궁전 share 함께 쓰다 show somebody around ~에게 구경시켜 주다 take a nap 낮잠 자다

다음 중 알맞은 것을 모두 골라 보자.

1 One of the students quit (to cheat, cheating) on the test.

2 The president plans (to make, making) a tour in Asian countries.

3 I sincerely appreciate (to invite, inviting) me tonight.

4 He hopes (to play, playing) soccer with his classmates.

5 Dan gave up (to smoke, smoking) in this building.

6 They agreed (to go, going) camping this weekend.

7 I need (to have, having) a cup of tea.

8 Could I postpone (to submit, submitting) the report by next week?

9 They intend (to visit, visiting) Beijing nex month.

10 The mayor refused (to answer, answering) any questions.

11 He suggests me (to exchange, exchanging) a phone number.

12 I quit (to walk, walking) my dog because of the bad weather.

13 She decided not (to listen, listening) to the radio.

14 You can at least manage (to be, being) on time.

15 We want (to go, going) skiing this winter.

cheat 부정행위 하다   sincerely 진심으로   submit 제출하다   mayor 시장

C 기본 TEST

다음 주어진 단어를 알맞은 형태로 써 넣어 보자.(두개 가능)

1 Where do you plan *to go* on winter vacation? (go)

2 Sometimes children pretend _____ to their parents. (listen)

3 She never intends _____ you to be sure. (insult)

4 He appreciated _____ in a big fire. (survive)

5 My boss doesn't mind my _____ late today. (be)

6 We can not postpone _____ their request. (answer)

7 She suggests _____ a book festival in October. (hold)

8 He asked to delay _____ a final decision. (make)

9 I could not give up _____ this package. (open)

10 The government prohibits _____ in stocks. (gamble)

11 Let's continue _____ it. (discuss)

12 My sister hates _____ the floor. (mop)

13 She expects _____ him at the party. (see)

14 He was trying to imagine _____ over the cloud. (fly)

15 You need to avoid _____ anything without thinking. (say)

---

insult 모욕하다   gamble 도박하다   stocks 주식   mop 대걸레로 닦다

D 기본 TEST

정답 및 해설 **p.8**

주어진 단어를 알맞은 형태로 써 넣어 보자.(두개 가능)

1 Did you begin *to pack / packing* for a business trip? (pack)

2 How do you manage _____ the twins? (look after)

3 She never offers _____ others. (help)

4 We are considering _____ southern part of Korea. (travel)

5 He quit _____ as a manager. (work)

6 I have learned _____ from Mr. Jang. (skate)

7 Which do you prefer _____, in cash or by card? (pay)

8 They need _____ money. (earn)

9 Where do you like _____? (go)

10 I am trying not to hate _____ spinach. (eat)

11 The baby kept _____ loudly. (cry)

12 We all started _____ 'Happy Birthday' for Sandy. (sing)

13 She refused _____ to the branch in Seoul. (move)

14 Dr. Brown wishes _____ the Nobel Prize. (win)

15 I love _____ plants. (garden)

---

business trip 출장   southern 남쪽의   pay in cash 현찰로 지불하다

다음 우리말에 알맞게 문장을 완성해 보자.(두개 가능)

1 Helen ___*plans*___ ___*to save*___ money to go backpacking.

Helen은 배낭여행을 가기위해 돈을 저축할 것을 계획한다.

2 I have to _____ my time with computer games.

나는 컴퓨터게임을 하면서 시간 낭비하는 것을 그만두어야 한다.

3 She should _____ an affluent life.

그녀는 풍족한 삶을 살아가는 것에 감사해야 한다.

4 You _____ her although you don't like her.

그녀를 좋아하지 않을 지라도 넌 그녀를 환영할 필요가 있다.

5 Why didn't you _____ his songs?

왜 너는 그의 노래들을 부를 것을 약속하지 않았니?

6 When he has free time, he _____ home alone.

그에게 자유시간이 있을 때, 그는 혼자 집에 있는 것을 선호한다.

7 Don't _____ everything.

모든 것을 아는 척 하지 마.

8 I couldn't _____ all the appointments.

나는 모든 약속들을 다시 정하는 것을 해낼 수 없었어.

9 He _____ the competition.

그는 경쟁에서 이기는 것을 즐긴다.

10 The City council _____ a new hospital.

시의회는 새로운 병원을 짓는 것을 연기했다.

---

go backpacking 배낭여행을 가다 affluent 풍족한, 부유한 welcome 환영하다 reschedule 일정을 변경하다
city council 시의회

실력 TEST

다음 우리말에 알맞게 문장을 완성해 보자.(두개 가능)

1 He didn't *agree* *to exhibit* his status.

그는 그의 조각상들을 전시하는 것에 동의하지 않았다.

2 Please stop it unless you me.

나를 방해하려고 의도한 게 아니라면 제발 그만둬.

3 I will Baduk.

나는 바둑 두는 것을 배울 거야.

4 He his view.

그는 그의 견해를 발표하는 것을 연습했다.

5 She the jewelry.

그녀는 보석을 훔친 것을 부인했다.

6 The doctor s a nap once a day.

의사는 하루에 한번 낮잠을 잘 것을 제안한다.

7 We are a firm mattress.

우리는 단단한 매트리스를 구매하는 것을 고려중이다.

8 The soldiers to their enemies.

그 병사들은 적에게 항복하기로 결정했다.

9 He on the wall of the building.

그는 그 빌딩의 벽에 낙서한 것을 부인했다.

10 The minister of Health alcoholic liquor.

보건부장관은 주류를 파는 것을 금지했다.

---

disturb 방해하다 play baduk (play go) 바둑을 두다 present 발표하다 take a nap 낮잠을 자다
firm 단단한 surrender 항복하다 scribble 낙서하다 minister 장관 alcoholic liquor 주류

UNIT 2 동명사의 시제/ 동명사의 관용적인 표현

1 동명사의 시제

동명사의 시제는 단순 동명사와 완료 동명사가 있다.

	단순 동명사		완료 동명사	
형태	동사원형 + ing		having + 동사원형 + ed	
쓰임	동명사의 시제와 문장의 시제가 같은 경우		동명사의 시제가 문장의 시제보다 더 앞선 경우	
시제	문장의 시제	동명사의 시제	문장의 시제	동명사의 시제
	현재	현재	현재	과거/현재완료
	과거	과거	과거	과거완료
예문	ex. She is sorry for teasing me. 그녀는 나를 괴롭히는 것을 미안해 한다.		ex. She is sorry for having teased me. 그녀는 나를 괴롭혔던 것을 미안해 한다.	

ex. He regrets that he left his family. 그는 그의 가족을 떠났던 것을 후회한다.
= He regrets having left his family.

ex. He regretted that he had left his family. 그는 그의 가족을 떠났던 것을 후회했다.
= He regretted having left his family.

2 동명사의 관용적인 표현

be used (accustomed) to ~ing	~에 익숙하다
far from ~ing	결코 ~이 아닌
look forward to ~ing	~하기를 고대하다
have trouble (difficulty) (in) ~ing	~하는데 어려움이 있다
How about ~ing	~하는게 어때?
It's no use ~ing	~해 봐야 아무 소용없다
stop (keep, prevent) A from ~ing	A가 ~하는 것을 막다
There is no ~ing	~하는 것은 불가능하다
on ~ing	~하자 마자
never .... without ~ing	....할 때 마다 ~하다

ex. She has trouble in opening the bottle. 그녀는 병을 여는데 어려움이 있다.

다음 주어진 문장의 부정사의 시제를 고른 후, 알맞은 우리말을 골라 보자.

1 She is proud of her son being smart. (단순) 완료) 동명사

그녀는 그녀의 아들이 (영리하다는, 영리했다는) 것에 대해 자부심을 가지고 (있다, 있었다).

She is proud of her son having been smart. (단순, 완료) 동명사

그녀는 그녀의 아들이 (영리하다는, 영리했다는) 것에 대해 자부심을 가지고 (있다, 있었다).

She was proud of her son being smart. (단순, 완료) 동명사

그녀는 그녀의 아들이 (영리하다는, 영리했다는) 것에 대해 자부심을 가지고 (있다, 있었다).

2 They thanked us for helping. (단순, 완료) 동명사

그들은 우리가 도움을 (주는, 주었던) 것을 (고마워한다, 고마워했다).

They thank us for helping. (단순, 완료) 동명사

그들은 우리가 도움을 (주는, 주었던) 것을 (고마워한다, 고마워했다).

They thank us for having helped. (단순, 완료) 동명사

그들은 우리가 도움을 (주는, 주었던) 것을 (고마워한다, 고마워했다).

3 I didn't know her being ill. (단순, 완료) 동명사

나는 그녀가 (아픈 것을, 아팠던 것을) (모른다, 몰랐다).

I don't know her having been ill. (단순, 완료) 동명사

나는 그녀가 (아픈 것을, 아팠던 것을) (모른다, 몰랐다).

I don't know her being ill. (단순, 완료) 동명사

나는 그녀가 (아픈 것을, 아팠던 것을) (모른다, 몰랐다).

다음 주어진 문장의 절의 시제를 고르고 알맞은 동명사를 골라 보자.

1 I <u>am</u> not happy at all that I <u>am</u> a team leader.
(현재) 과거)   (현재) 현재완료, 과거, 과거완료)

= I am not happy at all for ((being) having been) a team leader.   (단순) 완료) 동명사

I <u>am</u> not happy at all that I <u>was</u> a team leader.
(현재, 과거)   (현재, 현재완료, 과거, 과거완료)

= I am not happy at all for (being, having been) a team leader.   (단순, 완료) 동명사

I <u>am</u> not happy at all that I <u>have been</u> a team leader.
(현재, 과거)   (현재, 현재완료, 과거, 과거완료)

= I am not happy at all for (being, having been) a team leader.   (단순, 완료) 동명사

I <u>was</u> not happy at all that I <u>was</u> a team leader.
(현재, 과거)   (현재, 현재완료, 과거, 과거완료)

= I was not happy at all for (being, having been) a team leader.   (단순, 완료) 동명사

I <u>was</u> not happy at all that I <u>had been</u> a team leader.
(현재, 과거)   (현재, 현재완료, 과거, 과거완료)

= I was not happy at all for (being, having been) a team leader.   (단순, 완료) 동명사

2 She <u>was</u> sorry that she <u>lost</u> his file.
(현재, 과거)   (현재, 현재완료, 과거, 과거완료)

= She was sorry for (losing, having lost) his file.   (단순, 완료) 동명사

She <u>is</u> sorry that she <u>lost</u> his file.
(현재, 과거)   (현재, 현재완료, 과거, 과거완료)

= She is sorry for (losing, having lost) his file.   (단순, 완료) 동명사

She <u>is</u> sorry that she <u>has lost</u> his file.
(현재, 과거)   (현재, 현재완료, 과거, 과거완료)

= She was sorry for (losing, having lost) his file.   (단순, 완료) 동명사

She <u>was</u> sorry that she <u>had lost</u> his file.
(현재, 과거)   (현재, 현재완료, 과거, 과거완료)

= She was sorry for (losing, having lost) his file.   (단순, 완료) 동명사

A 기본 TEST

정답 및 해설 **p.9**

다음 주어진 문장을 동명사로 나타내보자.

1 She <u>denies</u> that she <u>has been</u> with a suspect.
　　　(현재, 과거)　　　　　(현재, 현재완료, 과거, 과거완료)

= She denies *having been* with a suspect.　　(단순, 완료) 동명사

2 I <u>was</u> ashamed that I <u>was</u> arrogant.
　　(현재, 과거)　　　　　(현재, 현재완료, 과거, 과거완료)

= I was ashamed of _____ arrogant.　　(단순, 완료) 동명사

3 <u>Do</u> you remember that you <u>met</u> her?
　　(현재, 과거)　　　　　　(현재, 현재완료, 과거, 과거완료)

= Do you remember _____ her?　　(단순, 완료) 동명사

4 I <u>was</u> tired that I <u>had felt</u> lonely.
　　(현재, 과거)　　(현재, 현재완료, 과거, 과거완료)

= I am tired of _____ lonely.　　(단순, 완료) 동명사

5 <u>Are</u> you sure that he <u>(will) visit</u> my house?
　　(현재, 과거)　　　　(현재, 현재완료, 과거, 과거완료)

= Are you sure of his _____ my house?　　(단순, 완료) 부정사

6 We <u>spent</u> a lot of time that we <u>had cleaned</u>.
　　(현재, 과거)　　　　　(현재, 현재완료, 과거, 과거완료)

= We spent a lot of time _____ .　　(단순, 완료) 부정사

7 She <u>forgave</u> me that I <u>had hid</u> her wallet.
　　(현재, 과거)　　　(현재, 현재완료, 과거, 과거완료)

= She forgave me for _____ her wallet.　　(단순, 완료) 부정사

8 I <u>am</u> accustomed that I <u>share</u> my stuff.
　　(현재, 과거)　　　　(현재, 현재완료, 과거, 과거완료)

= I am accustomed to _____ my stuff.　　(단순, 완료) 부정사

---

suspect 용의자　**be ashamed of** ~을 부끄러워하다　**arrogant** 자만하는　**share** 나누다　**stuff** 것/물건

Chapter 2 **67**

B 기본 TEST

다음 동명사의 시제를 고르고 우리말에 알맞은 것을 골라 보자.

1 She (is, ⟨was⟩) fond of (⟨appreciating⟩, having appreciated) art.　(⟨단순⟩, 완료) 동명사
그녀는 미술을 감상하는 것을 좋아했다.

2 They (are, were) tired of (taking, having taken) care of her.　(단순, 완료) 동명사
그들은 그녀를 돌봤던 것에 지쳤었다.

3 He (is, was) good at (writing, having written) a poem.　(단순, 완료) 동명사
그는 시를 쓰는 것을 잘한다.

4 You (have, had) to thank her for (buying, having bought) a present.　(단순, 완료) 동명사
너는 그녀가 선물을 사줬던 것에 대해 고마워해야만 한다.

5 She (is, was) really surprised with (sending, having sent) a letter to a wrong address.
그녀는 잘못된 주소로 편지를 보냈다는 것에 정말 놀랬다.　(단순, 완료) 동명사

6 He (succeeds, succeeded) in (receiving, having received) an excellent grade.　(단순, 완료) 동명사
그는 완벽한 점수를 받는데 성공했다.

7 She (is, was) scared of (staying, having stayed) at home alone.　(단순, 완료) 동명사
그녀는 집에 혼자 머무르는 것을 무서워한다.

8 I (sleep, slept) before (doing, having done) my homework.　(단순, 완료) 동명사
나는 숙제를 하기 전에 잠든다.

9 She (is, was) satisfied with(designing, having designed) her wedding dress.　(단순, 완료) 동명사
그녀는 그녀의 웨딩드레스를 디자인 했던 것에 대해 만족한다.

10 He (is, was) ashamed of (using, having used) slang words.　(단순, 완료) 동명사
그는 속어들을 사용했다는 것을 부끄러워한다.

---

poem 시　slang 속어

정답 및 해설 p.9

동명사의 시제를 고른 후, 주어진 단어를 이용하여 우리말로 바꿔 보자.

1 I _regretted_ _having lied_ to everybody. (regret, lie) (단순, (완료)) 동명사
나는 모두에게 거짓말했던 것을 후회했다.

2 She   not sure about his   tonight. (be, leave) (단순, 완료) 동명사
그녀는 그가 오늘밤 떠나는 것에 대해 확신하지 못한다.

3 We should try to   mistakes. (avoid, make) (단순, 완료) 동명사
우리는 실수하는 것을 피하도록 노력해야 한다.

4 Please   me for   unprofessionally. (forgive, behave)
전문적이지 못하게 처신했던 점을 용서해 주십시오. (단순, 완료) 동명사

5 He   off the deadline until next week. (suggest, put)
그는 다음 주까지 마감기한을 연기하자고 제안한다. (단순, 완료) 동명사

6 I   awarded the grand prize. (remember, be) (단순, 완료) 동명사
나는 대상을 수여받았던 것을 기억한다.

7 She   him after   time with him. (respect, spend) (단순, 완료) 동명사
그녀는 그와 시간을 보낸 후, 그를 존경한다.

8 Why do you   on the table when you are singing? (keep, tap)
너는 왜 노래하고 있을 때 계속해서 테이블을 두들기니? (단순, 완료) 동명사

9 I   on a lecture after   a cup of coffee. (concentrate, have)
커피 한잔을 한 후에 난 강의에 집중할 수 있다. (단순, 완료) 동명사

10 His team   proud of   to the semifinals.(be, advance)
그의 팀은 준결승에 진출했던 것에 자부심을 느낀다. (단순, 완료) 동명사

---

behave 처신하다, 행동하다 deadline 마감기한 award 수여하다 tap 가볍게 두드리다 concentrate 집중하다
advance 진출하다 semifinals 준결승

다음 주어진 동사를 이용하여 우리말에 알맞게 문장을 완성해 보자.

1 그녀로부터 숨어봐야 아무 소용없다. (hide)

It's no use hiding from her.

2 샘은 심부름 할 때마다 불평한다. (complain)

Sam _____ does an errand _____ .

3 긍정적인 면을 바라보는 게 어때? (look at)

_____ the bright side?

4 문제점들을 예상하는 것은 불가능하다. (anticipate)

_____ any problems.

5 우리는 외국인들과 이야기하는 것에 익숙하다. (chat)

We _____ with foreigners.

6 공항에 도착하자마자, 그녀는 그녀의 아버지에게 전화했다. (arrive)

_____ at the airport, she phoned her father.

7 너는 그녀가 사실을 밝혀내는 것을 막아야만 한다. (reveal)

You are to _____ the truth.

8 나는 정말 그를 다시 만나기를 고대한다. (meet)

I really _____ him again.

9 그녀는 결코 오페라에 관심을 가지지 않는다. (be)

She is _____ interested in Opera.

10 John은 다른 사람들의 충고를 받아들이는데 어려움이 있다. (accept)

John _____ other's advice.

anticipate 예상하다

01 다음 빈칸에 들어갈 말이 알맞게 짝지어진 것을 고르시오.

> I really enjoy _____ in the morning. So I asked to my brother but he refused _____ with me.

① jog – jog
② to jog – jogging
③ jogging – to jog
④ to jog – to jog
⑤ jogging – jogging

02 다음 중 동명사를 취할 수 <u>없는</u> 동사를 고르시오.

① remember
② keep
③ consider
④ manage
⑤ prefer

03 괄호 안의 단어를 알맞은 형태로 바꾸어 빈칸을 채우시오.

> It is chilly outside. How about (stay)_____ at home instead of going out.

→ _____

[04–05] 다음 문장들과 관련하여 물음에 답하시오.

> ⓐ There is no (shout) _____ in my house.
> ⓑ On (sleep) _____ , he mumbled.
> ⓒ He pretends (do) _____ his best in front of us.
> ⓓ My family loves (spend) _____ time together.

mumble 웅얼거리다

04 다음 중 ⓐ, ⓑ 괄호 안의 동사의 형태로 알맞게 짝지어진 것을 고르시오.

① shout – sleep
② to shout – sleep
③ shouting – sleep
④ shouting – sleeping
⑤ shouting – to sleep

05 ⓒ와 ⓓ의 동사를 알맞은 형태로 고치시오.

ⓒ_____

ⓓ_____

06 우리말과 같은 뜻이 되도록 괄호 안의 단어를 활용하여 영작해 보시오.

> 너는 너의 친구들에 대해 불평하는 것을 그만두어야만 한다.
> (quit, complain)

complain about ~에 대해 불평하다

→ _____

_____

07 우리말과 같은 뜻이 되도록 올바르게 쓴 것을 고르시오.

> 그녀는 그의 비밀을 밝혔던 것에 대해서 진심으로 사과했다.
>
> She sincerely apologized for (reveal) _____ his secret.

reveal 드러내다/밝히다

① revealing
② being revealed
③ having revealed
④ having been revealed
⑤ reveal

08 다음 중, to부정사와 동명사를 모두 취할 수 있는 동사를 고르시오.

① hate
② appreciate
③ excuse
④ mind
⑤ pretend

[09~10] 다음 편지글을 읽고 물음에 답하시오.

> To. Mary,
>
> Congratulations! I heard that you got into a scholarship program in New Zealand. What a great chance! I guess that I need ⓐtrying more. When do you leave? That's for 10 months, right? I really hope ⓑto see you before you leave but my boss asked me to postpone ⓒreturning. I guess I can't make it. So I would like to ⓓsuggest ⓔexchanging the International mail like this. What do you think?
>
> I am looking forward to (hear) _____ from you soon.
>
> Love
>
> Your best friend Sandy

09 밑줄 친 ⓐ~ⓔ 중, 틀린 것을 고르고 알맞게 바꾸시오.

_____ → _____

10 괄호 안의 동사를 빈칸에 알맞은 형태로 바꾸시오.

→ _____

11 다음 두 문장의 뜻이 같아지도록 빈칸에 알맞은 것을 쓰시오.

> He totally agrees that he shares his computer.
> = He totally agrees _____ his computer.

→ _____

12 다음 문장의 빈칸에 들어갈 수 <u>없는</u> 것을 고르시오.

> She _____ going sky diving in autumn.

autumn 가을

① enjoyed
② expected
③ suggested
④ liked
⑤ delayed

13 다음 우리말에 맞도록 동명사를 사용하여 영작하시오.

> 그녀는 시금치가 들어간 피자를 먹는데 어려움을 느낀다.

→ She _____ pizza with spinach.

14 다음 우리말에 맞게 빈칸에 알맞은 것으로 짝지은 것을 고르시오.

> She _____ satisfied with _____ _____ an intensive language course.
> 그녀는 언어집중코스를 끝낸 것에 대해 매우 만족했다.

① is - finishing
② is - to finish
③ was - having finished
④ was - to have finish
⑤ was - to have been finished

15 다음 중 옳은 문장을 고르시오.

① They are very busy to argue.
② We consider to buy a car.
③ Do you mind removing this table?
④ She should learn swimming.
⑤ He plans moving to Tokyo.

[16–17] 다음 대화를 읽고 물음에 답하시오.

> Mina : What are you doing, Billy?
> Billy : Oh, hi. ⓐ I am busy _____ on the Internet.
> Mina : Searching what?
> Billy : Information on Sydney. I decided to go there with my family for a winter vacation. Because ⓑ I have promised _____ it out.
> Do you know anything about that city?
> Mina : Well, <u>I should appreciate that I lived there</u> for 5 years. Also, I have been working as a tour guide.
> So I can help you.

plan it out 계획을 짜다   tour guide 관광안내원

16 ⓐ, ⓑ 문장을 우리말을 참고하여 완성하시오.

> ⓐ 나는 인터넷을 찾아보느라 바빠
> ⓑ 내가 계획을 짠다고 약속했어.

ⓐ _____

ⓑ _____

17 밑줄 친 부분을 구를 사용하여 바꾼 것으로 옳은 것을 고르시오.

① I should appreciate living there
② I should appreciate to live there
③ I should appreciate to have lived there
④ I should appreciate having lived there
⑤ I should appreciated live there

[18–19] 다음 우리말에 맞도록 괄호 안에 각각 알맞은 것을 고르시오.

18

> 그들은 그녀가 지난 밤 게임을 했었다는 것을 확신한다.
> They (are, were) sure about her (playing, having played) game last night.

19

> 그는 늦은 것에 대해서 사과하는 것을 강하게 거부했다.
> He strongly refused (apologizing, to apologize) for (being, having been) late.

20 다음 우리말에 알맞게 영작하시오.

> 우리는 그녀의 수업을 들을 때마다 많은 질문을 한다

→ We _____ listen to her lecture _____ plenty of questions.

01 다음 밑줄 친 부분의 쓰임이 <u>잘못된</u> 것을 고르시오.

> <u>Do</u> you <u>mind</u> <u>me</u> <u>to sit</u> next to <u>you</u>?
> ①   ②   ③   ④   ⑤

02 다음 두 문장의 뜻이 같아지도록 빈칸에 알맞은 것을 고르시오.

> She appreciates that you solved
> the main problem.
> = She appreciates _____
> the main problem.

① you to have solved
② you to being solved
③ you solving
④ your having solved
⑤ your being solved

03 다음 문장에서 어색한 부분을 찾아 바르게 고쳐서 쓰시오.

> She decided leaving her house.
> 그녀는 그녀의 집을 떠나기로 결심했다.

_____ → _____

04 다음 중 옳지 <u>않은</u> 문장을 고르시오.

① I have avoided meeting him.
② He is denying stealing my money.
③ We need to wear warm clothing.
④ She offers having lunch.
⑤ We finished packing these boxes.

05 위의 문장에서 옳지 않은 문장을 바르게 고치시오.

→ _____
_____

06 우리말과 일치하도록 다음 빈칸에 알맞은 말을 쓰시오.

> 선생님은 그녀가 매일 늦는 것을 이해하는 것 같다.
> The teacher seems to understand
> _____ being late every day.

→ _____

07 다음 중 어법상 옳지 <u>않은</u> 것 두 개를 고르시오.

① It's no use crying.
② How about playing tennis with me?
③ There is no to talk to Jane.
④ She has difficulty in to walk.
⑤ I stopped my son from eating too much.

08 다음 중 동명사를 목적어로 취할 수 없는 동사를 고르시오.

① keep
② refuse
③ start
④ intend
⑤ postpone

09 다음 우리말에 맞도록 동명사를 사용하여 영작하시오.

나는 나의 남동생을 돌보는데 익숙해요.

→ I _____
care of my little brother.

[10-11] 다음 대화를 읽고 물음에 답하시오.

Neal : What is your hobby?
John : I enjoy ⓐ_____ stamps.
Neal : Me too, what kinds of stamps do you collect?
John : Especially, I prefer ⓑ_____ commemorative stamps of Korea. These are worth ⓒ_____ . Do you want to see mine?
Neal : I'd love to. But I am busy working today. How about inviting me tomorrow?
John : No problem. You need to ⓓ_____ . Your health is the most important thing.

commemorative 기념하는

10 위의 ⓐ~ⓒ의 빈칸에 들어갈 알맞은 형태로 짝지어 진 것은?

① to collect – to collect – having collected
② to collect – collecting – collecting
③ collecting – collecting – having collected
④ collecting – collect – being collected
⑤ collecting – to collect – being collected

11 ⓓ의 빈칸에 들어갈 말을 아래 우리말에 알맞게 영작 하시오.

너는 너 자신이 피곤해지는 것을 막을 필요가 있어

→ You need to _____

_____

12 주어진 문장과 동명사의 시제가 일치하는 것을 고르시오.

① She denied having unlocked the door.
　– 단순 동명사

② We consider having a house.
　– 단순 동명사

③ He regretted having teased his friends.
　– 단순 동명사

④ They postpone buying a car.
　– 완료 동명사

⑤ I am sure of pronouncing this word correctly. – 완료 동명사

13 다음 주어진 단어를 우리말에 맞도록 배열하시오.

> 그들은 초대되었던 것에 놀랐다.
> (are, with, been, invited, having, they, surprised)

→ _____

_____

14 다음 괄호 안의 동사를 알맞은 형태로 고치시오.

> We should avoid (hurt) _____ somebody intentionally.
>
> intentionally 고의적으로

→ _____

15 다음 우리말에 맞도록 괄호 안에 동사의 시제를 알맞게 쓰시오.

> 그녀는 혼자 남겨지는 것을 두려워한다.
> She (be) _____ afraid of (leave) _____ alone.

→ _____

_____

16 다음 문장을 that을 사용하여 바꾸시오.

> I am sure of his running away when he sees you.

→ _____

_____

_____

17 다음 문장의 빈칸에 들어갈 수 있는 것을 고르시오.

> Because of his kindness, I really would like _____ him for dinner.

① to invite
② inviting
③ to have invited
④ having been invited
⑤ invite

18 다음 문장을 우리말로 바르게 고친 것은?

> She never excuses your speaking too much.

① 그녀는 말을 너무 많이 하는 것을 절대 용서하지 않았다.
② 그녀는 말을 너무 많이 하는 것을 용서한다.
③ 그녀는 네가 말을 너무 많이 하는 것을 용서했다.
④ 그녀는 네가 말을 너무 많이 하는 것을 절대 용서하지 않았다.
⑤ 그녀는 네가 말을 너무 많이 하는 것을 절대 용서하지 않는다.

19 다음 두 문장의 빈칸에 들어갈 말이 알맞게 짝지어진 것을 고르시오.

> - My grandfather is far from _____ people for any reasons.
> - He decided _____ the afternoon activity.

reason 이유

① ignoring – skipping
② to ignore – to skip
③ ignoring – to have skipped
④ ignoring – to have been skipped
⑤ ignoring – to skip

20 다음 문장의 빈칸에 들어갈 수 있는 것을 골라 쓰시오.

> They _____ cleaning the exterior of the house.

> finish, decide, manage, quit

exterior (건물의) 외부

→ _____

Chapter 3

분사

핵심정리 분사란?

Unit 1 현재분사와 과거분사

Unit 2 with+(대)명사+분사

분사란?

1 현재분사: 동사 원형 + ing

서술적 용법과 한정적 용법의 두 가지가 있다.

ⓐ 서술적 용법

현재 분사는 be동사와 함께 진행형을 만든다.

ex. A girl is swimming. 한 소녀가 수영하고 있다.

ⓑ 한정적 용법

우리말로는 '~하고 있는, ~하는'의 뜻을 가진다.

현재 분사가 명사의 앞에 와서 형용사 역할을 한다.

ex. a smiling girl 미소 짓고 있는 소녀

명사 뒤에 목적어나 수식어구가 따라와서 길어질 때는 현재분사가 명사의 뒤에 온다.

ex. the shining sun 빛나는 태양

　　 the sun shining in the sky 하늘에서 빛나는 태양

2 과거분사: 동사원형 + ed /불규칙변화

서술적 용법과 한정적 용법이 있다.

ⓐ 서술적 용법

과거분사는 be동사와 함께 수동태를 만든다.

ex. The window is broken. 창문이 깨져 있다.

ⓑ 한정적 용법

우리말로는 '~되어진, ~된'의 뜻을 가진다.

과거분사가 명사의 앞에 와서 형용사 역할을 한다.

ex. fallen leaves 떨어진 나뭇잎들

명사 뒤에 목적어 수식어구가 따라와서 길어질 때는 과거 분사가 명사의 뒤에 온다.

ex. fallen leaves 떨어진 나뭇잎들

　　 leaves fallen in the backyard 뒷마당에 떨어진 나뭇잎들

※ 불규칙 변화는 중등 영문법 1a p133~134 참조

3 감정을 나타내는 분사

감정을 나타내는 현재분사와 과거분사

감정을 나타내는 현재분사나 과거분사가 문장에서 보어로 쓰일 때, 주어가 감정을 주는(유발하는) 경우는 현재분사를 쓰고, 주어가 스스로 감정을 느끼는(받는) 경우는 과거분사를 쓴다.

ex. **The movie is boring.** 그 영화는 지루하다.
　　　　　　　　현재분사

I was bored. 나는 지루했다.
　　　過거분사

감정을 나타내는 현재분사나 과거분사 (예시)

현재분사 (~ing)		과거분사 (~ed)	
감정을 주는		감정을 느끼는(받는)	
boring	지루한	bored	지루해진
exciting	흥분시키는	excited	흥분한
interesting	흥미로운	interested	흥미를 느끼는
shocking	충격적인	shocked	충격받은
surprising	놀라운	surprised	놀란
tiring	피곤하게 하는	tired	피곤한
amazing	놀라운	amazed	놀란
confusing	혼란스럽게 하는	confused	혼란스러운
disappointing	실망시키는	disappointed	실망한
satisfying	만족스럽게 하는	satisfied	만족스러운

Tip! 반드시 그런 것은 아니지만 이 단계에서는 주어가 사물일 경우는 사람이 감정을 유발시키는 것이므로 현재분사(~ing)가 오고, 주어가 사람일 경우는 ~한 감정을 받아서 느끼므로 과거분사(~ed)가 온다고 생각하면 쉽다.

UNIT 1 현재분사와 과거분사

분사가 형용사처럼 쓰여 문장의 보어 역할을 한다.

1 2형식 문장의 보어로 쓰인 현재분사와 과거분사

현재분사 (~ing)	능동, 진행	~하면서 / ~한 채로
과거분사 (~ed)	수동, 완료	~되어져서 / ~된 채로

ex1. He came **running**. 그는 달려서 왔다.
　　　　　주격보어(현재분사)

　　　 He came **running fast**. 그는 빠르게 달려서 왔다.
　　　　　주격보어(현재분사)

ex2. He came **wounded**. 그는 다쳐서 왔다.
　　　　　주격보어(과거분사)

　　　 He came **wounded badly**. 그는 심하게 다쳐서 왔다.
　　　　　주격보어(과거분사)

2 5형식 문장의 보어로 쓰인 현재분사와 과거분사

현재분사 (~ing)	능동, 진행	~하는 것
과거분사 (~ed)	수동, 완료	~되어진 것

ex1. She saw him **running**. 그녀는 그가 달려가는 것을 보았다.
　　　　　목적격보어(현재분사)

　　　 She saw him **running to his mom**. 그녀는 그가 그의 엄마에게 달려가는 것을 보았다.
　　　　　목적격보어(현재분사)

ex2. They found him **killed**. 그들은 그가 살해된 것을 발견했다.
　　　　　목적격보어(현재분사)

　　　 They found him **killed by someone**. 그들은 그가 누군가에 의해 살해된 것을 발견했다.
　　　　　목적격보어(현재분사)

다음 주어진 문장에서 보어를 O표 하고 영어를 우리말로 옮겨보자. (2형식)

1 She stood (smiling.)

그녀는   *미소를 지으며 서 있었다.*

2 He walked singing.

그는

3 The dog ran barking.

그 개는

4 She stood talking brightly.

그녀는

5 He walked singing merrily.

그는

brightly 밝게/쾌활하게

다음 주어진 문장에서 보어에 O표 하고 영어를 우리말로 옮겨보자. (2형식)

1 She sat (shocked.)

그녀는

2 The bike lay broken.

그 자전거는

lie 놓여있다 (lie-lay-lain)

3 He came disappointed.

그는

4 They looked surprised at the news.

그들은

look ~처럼 보이다

5 The man lay wounded.

그 남자는

lie 누워있다 (lie-lay-lain)

다음 중 우리말에 알맞은 것을 골라 보자.

1 She saw one of her friends (sitting, sat) on the stairs.
그녀는 그녀의 친구 중 한명이 계단에 앉아있는 것을 보았다.

2 When I arrived at home, the television remained (turning, turned) on.
텔레비전이 켜진 채로 있었다.

3 I had my hair (trimming, trimmed) yesterday.
나는 어제 머리를 다듬었다.

4 He makes me (disappointing, disappointed).
그는 나를 실망하게 만든다.

5 Mina looked down (sighing, sighed).
Mina는 한숨 쉬면서 아래를 쳐다봤다.

6 He found me (speaking, spoken) to strangers.
그는 내가 낯선 사람들에게 말하는 것을 발견했다.

7 She jumped (shouting, shouted).
그녀는 소리치면서 점프했다.

8 The clock in the kitchen remains (cracking, cracked).
부엌에 있는 시계는 금이 간 채로 있다.

9 Did you see her (standing, stood) in front of a crosswalk?
넌 그녀가 횡단보도 앞에 서있는 것을 보았니?

10 I felt you (sobbing, sobbed) last night.
나는 어젯밤 네가 흐느끼는 것을 느꼈다.

stair 계단 trim 다듬다 sigh 한숨을 쉬다 crack 금이 가다 sob 흐느끼다

A 기본 TEST

정답 및 해설 p.11

다음 주어진 단어를 이용하여 우리말에 알맞게 문장을 완성해 보자.

1 She _sat_ _listening_ to the radio. (sit, listen)
그녀는 라디오를 들으면서 앉았다.

2 They _____ a lot of luggages. (arrive, carry)
그들은 많은 짐을 가지고 도착했다.

3 He _____ home _____. (go, excite)
그는 흥분해서 집으로 갔다.

4 Simon _____ his hands. (stand up, clap)
Simon이 박수를 치면서 일어났다.

5 The policeman _____ the thief. (call, chase)
그 경찰관은 도둑을 쫓으면서 전화했다.

6 The famous singer _____ by people. (stand, surround)
그 유명한 가수는 사람들에게 둘러싸여 서 있었다.

7 He was late again. I _____. (wait, frown)
그는 또 늦었다. 나는 얼굴을 찡그리면서 기다렸다.

8 I _____ hands with Serena. (run, hold)
나는 Serena의 손을 잡은 채로 달렸다.

9 He always _____ around. (walk, look)
그는 언제나 두리번거리면서 걷는다.

10 The fan _____ on the floor. (lie, break)
선풍기는 망가져서 바닥에 놓여있었다.

---

surround 둘러싸다 **frown** 얼굴을 찡그리다

UNIT 2

with + (대)명사 + 분사

1 with + (대)명사 + 현재분사

| with + (대)명사 + 현재분사 | ...가 ~한 (하고 있는)채로 | 능동 |

🔷 (대)명사와 분사의 관계가 능동이면 현재분사(~ing)를 사용한다.

(대)명사가 직접 동작을 하면 현재분사(~ing)를 사용한다.

ex. He sat here **with his dog sleeping.** 그는 그의 개가 자고있는 채로 여기에 앉아 있었다.
His sat here with his dog (~~which was~~) sleeping. '주격관계대명사 + be동사'가 생략된 것이다.

🔷 and를 이용해 절로 바꾸어 쓸 수 있다.

= He sat here, **and his dog was sleeping.** 그는 여기에 앉아 있었다. 그런데 그의 개는 자고 있었다.

2 with + (대)명사 + 과거분사

| with + (대)명사 + 과거분사 | ...가 ~된(되어진)채로 | 수동 |

🔷 (대)명사와 분사의 관계가 수동이면 과거분사(~ed)를 사용한다.

(대)명사가 당하면 과거분사(~ed)를 사용한다.

ex. Tom stood there **with his arms folded.** Tom은 팔짱을 낀 채로(그의 팔이 접혀진 채로) 거기에 서 있었다.
Tom stood there with his arms (~~which were~~) folded. '주격관계대명사 + be동사'가 생략된 것이다.

🔷 while을 사용해 부사절로 바꾸어 쓸 수 있다.

= Tom stood there **while his arms were folded.** Tom은 팔짱을 끼고 있으면서(그의 팔이 접혀져 있으면서) 거기에 서 있었다.

다음 영어를 우리말로 옮겨보자.

1 He is reading a newspaper with his wife sewing beside him.

그는 *그의 아내가 그 옆에서 바느질하는 동안* 신문을 읽고 있다.

2 I cleaned up room with all the windows opened.

나는   방을 청소했다.

3 She is walking on the street with her eyes fixed on her smart phone.

그녀는   길을 걷고 있다.

4 They ran to us with their hands waving.

그들은   우리에게 달려왔다.

5 He is dozing off with his lips moving.

그는   졸고 있다.

6 Lolly is sitting with her legs shaking.

Lolly는   앉아 있다.

7 She is listening to music with her fingers tapping.

그녀는   음악을 듣고 있다.

8 I am waiting for her with my arms folded.

나는   그녀를 기다리고 있다.

9 He is talking to me with his mobile ringing.

그는   나에게 말하고 있다.

10 The celebrity stepped onto the stage with everyone staring at her.

그 연예인은   무대위로 올라갔다.

---

fix on ~에 (시선을) 고정하다   **doze** 졸다   **mobile** 휴대폰   **tap** 톡톡 두드리다/박자를 맞추다

A 기본 TEST

다음 중 우리말에 알맞은 것을 골라 보자.

1 I walked away with the papers (falling, fallen) down.
종이가 떨어지는 채로 그는 걸어 나갔다.

2 An old man is sitting with his boy (eating, eaten) ice cream.
한 나이든 남자가 그의 손자가 아이스크림을 먹는 채로 앉아있다.

3 Don't chew anything with a molar (breaking, broken).
어금니가 부러진 채로 아무것도 씹지 마.

4 She enjoys dancing with her eyes (closing, closed).
그녀는 눈을 감은 채로 춤추는 것을 즐긴다.

5 We can't go any farther with gasoline (running, run) out.
휘발유가 떨어지는 채로 우린 더 이상 갈 수 없어.

6 He is sitting on the bench with his legs (crossing, crossed).
그는 다리가 꼬아진 채로 벤치에 앉아있다.

7 I prefer to study with a stereo (playing, played).
나는 음악이 재생되는 채로(음악재생장치가 작동하고 있는 채로) 공부하는 것을 선호한다.

8 She explained everything with her tears (running, run) down.
그녀는 눈물이 흐르는 채로 모든 것을 설명했다.

9 Mr. Smith had to study with a book (damaging, damaged).
Smith씨는 책이 망가진 채로 공부해야만 했다.

10 It is rude to say something with your mouth (filling, filled) with food.
너의 입이 음식으로 가득 채워진 채로 말하는 것은 무례하다.

---

molar 어금니　　gasoline 휘발유　　stereo 음악재생장치　　damage 훼손하다

기본 TEST

정답 및 해설 p.11

다음 중 우리말에 알맞은 것을 골라 보자.

1 She came out with the door (unlocking, (unlocked)).
그녀는 문이 잠기지 않은 채로 밖으로 나왔다.

2 She is looking for a doctor with her baby (crying, cried).
그녀는 그녀의 아이가 우는 채로 의사를 찾고 있다.

3 Charles is driving car with his cell phone (vibrating, vibrated).
그의 핸드폰이 진동하는 채로 그는 차를 운전하고 있다.

4 She sunbathes on the beach with her cat (eating, eaten) her snack.
그녀의 고양이가 그녀의 간식을 먹고 있는 채로 그녀는 해변에서 일광욕을 한다.

5 Tim is taking a shower with his favorite music (playing, played).
Tim은 그가 가장 좋아하는 음악을 틀어둔 채로 샤워하고 있다.

6 I fell asleep with the fan (turning on, turned on).
나는 선풍기를 틀어 놓은 채로 잠이 들었다.

7 He stood in front of the door with the dog (barking, barked).
그는 그 강아지가 짖으면서 문 앞에 서있었다.

8 He was jogging with his dog (following, followed) him.
그는 그의 강아지가 따라오는 채로 조깅을 하고 있었다.

9 There is a full moon in the sky with the stars (shining, shined).
하늘에 별들이 빛나는 채로 보름달이 떠있다.

10 Mom is making dumplings with some tofu (grinding, ground).
엄마는 약간의 두부가 다져진 채로 만두를 만들고 있다.

---

sunbathe 일광욕 하다   dumpling 만두   tofu 두부   grind 다지다, 빻다

다음 주어진 단어를 이용하여 문장을 완성해 보자.

1 She watched TV *with her son dozing off* . (doze off)
그녀의 아들이 졸고 있는 채로 그녀는 TV를 시청하고 있었다.

2 I took out two teacups from the cupboard . (boil)
물이 끓고 있는 채로 나는 찬장에서 찻잔 2개를 꺼냈다.

3 He gets out of the downtown . (call out)
그는 그의 친구가 그를 부르고 있는 채로 시내를 벗어난다.

4 He was sleeping . (open)
그는 침실 문이 열려진 채로 자고 있었다.

5 She approached the police office . (beat)
그녀는 그녀의 심장이 뛰는 상태로 경찰서로 다가갔다.

6 Did you run ? (tear)
네 신발이 찢겨진 채로 달린 거니?

7 A motorcycle passed by me . (pour out)
오토바이 한 대가 기름이 쏟아지는 채로 나를 지나쳐갔다.

8 She continued to cry . (swell)
그녀는 그녀의 눈이 부은 상태로 우는 것을 계속 했다.

9 I had to bake another cake . (burn)
나는 케이크 한판이 태워지면서 다른 케이크를 구워야만 했다.

10 He went to school . (tear)
그는 그의 가방이 찢어진 채로 학교에 갔다.

---

teacup 찻잔   cupboard 찬장   the bedroom door 침실 문   gasoline 휘발유/기름   pour out 쏟아지다
swell 붓다   whole cake 케이크 한판

01 다음 중 <u>틀린</u> 문장을 고르시오.

① She sat surprised.
② My watch lay broken.
③ He walked waving.
④ She stood shouted.
⑤ I arrive running.

02 다음 괄호 안에서 알맞은 것으로 골라서 짝지어진 것을 고르시오.

> Did you hear his name (   )?
> - I saw Jane (   ) his name.

① call - to call
② calling - calling
③ to call - called
④ called - calling
⑤ calling - called

03 다음 중 빈칸에 들어갈 수 <u>없는</u> 것을 고르시오.

> He walked _____ .

① singing
② whistling
③ shocked
④ crying
⑤ looked around

[04–05] 다음 글을 읽고 물음에 답하시오.

> Yesterday, we had a family meeting. Because my sister announced that she wanted to quit the school. My parents, of course, did not agree with her. The atmosphere was quite serious. My father was standing _____ his arms folded. My mother was sitting _____ her eyes closed. There was only the silence. ⓐ<u>My brother began to talk to her, and his hands were holding her hands.</u>

atmosphere 분위기

04 다음 빈칸에 공통으로 들어갈 수 있는 말을 쓰시오.

→ _____

05 밑줄 친 ⓐ를 분사를 사용하여 아래의 우리말과 같은 뜻이 되도록 바꾸시오.

> 그의 손이 그녀의 손을 잡은 채로 나의 오빠는 그녀에게 말하기 시작했다.

→ My brother began to talk to her

_____

_____

06 다음 빈칸에 들어갈 말이 알맞게 짝지어진 것을 고르시오.

> When I _____ him, he walked
> _____ seriously.

① see - injured
② see - to injure
③ saw - injuring
④ saw - being injured
⑤ saw - injured

07 다음 중 주어와 분사와의 관계가 <u>다른</u> 두 문장을 고르시오.

① She remained bleeding.
② He stood clapping.
③ He is sitting excited.
④ She arrived wounded.
⑤ She stands smiling.

08 다음 문장을 and를 사용하여 같은 뜻이 되도록 바꾸시오.

> He cannot fall asleep with his phone ringing.

→ _____

_____

09 다음 문장을 알맞게 해석하시오.

> They are waiting for the train with their luggage laid down.

lay down 내려놓다

→ _____

_____

_____

10 다음 두 문장에 빈칸에 들어갈 말이 알맞게 짝지어진 것을 고르시오.

> - He saw me _____ about the service at the hotel.
> - She found her daughter _____ by cats.

① complaining - surrounding
② complaining - surrounded
③ complained - surrounded
④ complained - surrounding
⑤ to complain - surrounded

[11–13] 다음 괄호 안의 동사를 알맞은 형태로 쓰고, 우리말로 해석하시오.

11

> She had her hair (cut) _____ after returning from the vacation.

→ _____

_____

_____

12

> Did he see me (cook) _____ at the kitchen?

→ _____

_____

_____

13

> When I got on the train, the train departed (make) _____ some noise.

→ _____

_____

_____

[14–15] 다음 대화를 읽고 물음에 답하시오.

> *Tory* : Jino, do you know how to ⓐ<u>bow</u> in the Korean traditional way?
> *Jino* : Sure, I meet my grandparents every year. And I ⓑ<u>bow</u> to them.
> *Tory* : Really? Will you teach me? I am invited by Narae on Korean New Year's Day.
> *Jino* : No problem. Look at me. You need to ⓒ<u>put</u> your hands together like this. After that, <u>너의 다리를 엇갈린 채로 앉아.</u>
> *Tory* : Let me do it. You see me ⓓ<u>bowing</u> and tell me.
> *Jino* : Wow, you are a fast learner. Now, you need to stand up slowly. Put your hands in front of your belly and stand ⓔ<u>smiled</u>.

belly 배

14 밑줄 친 우리말을 영작하시오.

→ _____

15 밑줄 친 ⓐ~ⓔ 중, 틀린 것을 고르고 알맞게 바꾸시오.

① ⓐ

② ⓑ

③ ⓒ

④ ⓓ

⑤ ⓔ

→ _____

16 다음 문장을 우리말로 바르게 옮긴 것은?

> He likes driving with only two windows opened.

① 단 두 개의 창문만 열어 놓은 채로 그는 운전하는 것을 좋아했었다.

② 단 두 개의 창문만 열어 놓은 채로 그는 운전하는 것을 좋아한다.

③ 그는 열린 두 개의 창문이 있어야만 운전하는 것을 좋아했었다.

④ 그는 열린 두 개의 창문이 있어야만 운전하는 것을 좋아한다.

⑤ 그는 오직 두 개의 창문이 열렸을 때만 운전한다.

17 우리말과 같은 뜻이 되도록 괄호안의 단어를 배열하시오.

> 나는 한 나이든 남자가 그의 강아지에게 먹이를 주는 것을 보았다.
>
> (his, feeding, dog, an, man, I, old, saw)

→ _____

_____

18 다음 문장의 빈칸에 들어갈 수 있는 형태로 바꾸시오.

> A little boy is _____ in the car.

cry → _____

19 다음 괄호 안의 동사를 우리말과 같은 뜻이 되도록 올바르게 쓴 것을 고르시오.

> 램프의 불을 켜둔 채로 그는 침대 위에 누워있었다.
> He was lying on the bed with the lamp (turn)_____ on.

① turning
② to turn
③ having turned
④ turned
⑤ turn

20 다음 문장에서 우리말을 영작하시오.

> 그녀는 달려서 집에 왔다.

→ _____

_____

[01–03] 다음 대화를 읽고 물음에 답하시오.

> *Stella* : Hey, Andrew. Did you find me?
> *Andrew* : Hi, Stella. Yes, I did. I want you to come to the cinema with us.
> *Stella* : That sounds great. I love the cinema. Who is coming?
> *Andrew* : Julia, S....
> *Stella* : Just a moment, Julia is coming? I am not going.
> *Andrew* : What happened to you both? You were close friends.
> *Stella* : Never! I don't like her way of speaking. When she speaks, she yells with her finger pointed at me. We are just classmates, not friends.

01 다음 중 본문의 내용을 제대로 이해한 것을 고르시오.

① Stella가 영화를 보러 가자고 했다.
② Stella는 영화를 싫어한다.
③ Andrew는 Julia와 친하다.
④ Stella는 Julia의 말하는 방식이 싫다.
⑤ Julia는 Stella를 좋아하지 않는다.

02 밑줄 친 문장에서 문법상 어색한 부분을 고쳐 다시 쓰시오.

→ _____

_____

03 다음 밑줄 친 곳에 들어갈 수 없는 것을 고르시오.

> She is sitting on a chair with her legs _____ .

① shaking
② crossed
③ wounded
④ bleeding
⑤ hurting

04 다음 두 문장의 뜻이 같도록 빈칸에 알맞은 말을 쓰시오.

> She was sleeping while all the windows were closed.
> = She was sleeping _____
>
> _____ .

① all the windows closed.
② when all the windows closing.
③ when all the windows closed.
④ with all the windows closing.
⑤ with all the windows closed.

[05–06] 다음 두 문장이 뜻이 같도록 빈칸에 알맞은 것을 고르시오.

05

> It is raining, and the clouds are getting dark.
> = It is raining with the clouds _____ dark.

① get
② getting
③ gotten
④ being got
⑤ gets

06

> She was hanging the curtains with the chair held by me.
> = She was hanging the curtains _____ the chair was held by me.

① or
② but
③ before
④ during
⑤ while

07 분사를 사용하여 두 문장을 연결하시오.

> - My father is running.
> - My dog is following him.

→ _____

_____

08 다음 괄호 안의 단어를 문맥에 맞게 시제를 변화시키시오.

> 우리들의 목소리가 녹음이 되는 채로 경찰은 우리에게 많은 질문을 했다.
> The police officer (give) _____ us a lot of questions while our voice (record)_____ .

→ _____

_____

_____

09 위의 문장을 with를 사용해서 바꾸어 보시오.

→ _____

_____

_____

10 다음 중 주어진 문장에서 분사와 주어와의 관계를 올바르게 짝지은 것은?

① He sat laughing. - 수동
② She stood surrounded by dogs. – 수동
③ I felt relieved. - 능동
④ We arrived smiling. - 수동
⑤ She went out chewing. - 수동

11 다음 밑줄 친 부분의 쓰임이 <u>어색한</u> 것을 고르시오.

① He concentrates on TV with his dog barked.
② She is not there with a letter left.
③ We cross the street looking around.
④ He came singing.
⑤ They remained surprised.

12 다음 우리말에 맞도록 괄호 안에 동사를 알맞게 쓰시오.

> 클래식 음악이 흘러나오는 채로, 그녀는 책을 읽는 중이다.
>
> She (read) _____ a book with the classical music (play) _____ .

→ _____

_____

13 다음 두 문장의 빈칸에 들어갈 말이 알맞게 짝지어진 것을 고르시오.

> - My dog keeps _____ when I pass the door.
> - I got my wallet _____ .

① barking - stealing
② barking - stolen
③ to bark - to steal
④ barked - stealing
⑤ bark - steal

14 다음 중 어법상 <u>어색한</u> 부분을 하나만 고르시오.

> ⓐ<u>As</u> she could not take a rest ⓑ<u>and</u> ⓒ<u>her</u> husband talking ⓓ<u>too</u> much on the phone, she ⓔ<u>asked</u> him to keep quiet.

① ⓐ
② ⓑ
③ ⓒ
④ ⓓ
⑤ ⓔ

[15–16] 다음 밑줄 친 곳에서 <u>불필요한</u> 단어를 X표 하시오.

15

> We called him when <u>we saw him was walking through a crowd</u>.

16

> Lila always drinks a cup of coffee with a waffle <u>she baked just before eating.</u>

17 다음 중 어법상 어색한 부분을 골라 고친 내용이 알맞은 것을 고르시오.

> A gentleman is ⓐsitting on a bench ⓑin the park ⓒwith ⓓhis legs ⓔcrossing.

① ⓐ sat
② ⓑ to
③ ⓒ next
④ ⓓ him
⑤ ⓔ crossed

18 다음 빈칸에 주어진 단어들을 알맞은 순서로 나열하시오.

> She was late because she came alone _____ .

(her, stopped, watch, with)

→ _____

[19~20] 다음 글을 읽고 답하시오.

> 〈How to enjoy Pizza〉
>
> 1. Have it with pickles _____ .
> 2. Use your hands instead of forks.
> 3. Add more ingredients to pizza if it is not your style.
> 4. Do not warm it up in the microwave.

19 밑줄 친 부분에 주어진 동사를 알맞게 변화시켜 보시오.

< ferment >

→ _____

                                    ferment 삭히다

20 위의 글을 참고하여 아래의 우리말을 분사를 사용하여 영작하시오.

> 나는 내 손이 포크를 든 채로 피자를 먹는 것을 좋아하지 않아.

                           hold 들다 fork 포크

→ I do not like to eat pizza

_____

_____

Chapter 4

분사 구문이란?

분사구문이란? 부사절에서 접속사와 주어를 없애고 분사를 이용하여 간단하게 부사구로 나타낸 형태를 말한다.

1 종류

시간	when ~할 때, while ~하는 동안에, after ~한 후에, before ~하기 전에
	ex. (When) watching TV, I heard him come. TV를 보고 있었을 때, 나는 그가 오는 것을 들었다.
이유	because, since, as ~하기 때문에, ~해서(~이므로)
	ex. Being busy, he couldn't finish the work. 바빴기 때문에, 그는 그 일을 끝마칠 수 없었다.
조건	if 만일 ~한다면
	ex. Meeting him again, she will be very happy. 만일 그를 다시 만난다면, 그녀는 매우 행복할 것이다.
양보	though 비록 ~일지라도
	ex. Meeting him again, she will not be happy. 비록 그를 다시 만날지라도, 그녀는 행복하지 않을 것이다.
동시 동작	while ~하면서
	ex. Listening to music, he does his homework. (그는) 음악을 들으면서, 그의 숙제를 한다.

2 분사 구문 만들기

- 부사절과 주절의 주어가 같고 둘의 동사의 시제가 같은 경우에는 부사절의
  ①주어와 접속사를 없애고 ②동사의 원형에 **ing**를 붙이며 ③주절은 그대로 써준다.

a. 부사절-현재, 주절-현재
ex. When she eats dinner, she talks with him. → Eating dinner, she talks with him.
b. 부사절-과거, 주절-과거
ex. When she ate dinner, she talked with him. → Eating dinner, she talked with him.
c. 부사절-현재 (속뜻:미래), 주절-미래
ex. If I meet him, I will hide behind the tree. → Meeting him, I will hide behind the tree.

3 분사구문을 만들 때 유의사항

부사절의 주어와 주절의 주어

ⓐ 부사절의 주어와 주절의 주어가 서로 같지만, 부사절의 주어가 대명사가 아닌 경우
주절의 주어(대명사)를 부사절의 주어(고유명사/일반명사)로 바꾸어 준다.

ex. As **Jane** is lazy, **she** doesn't get a good grade.
→ Being lazy, **Jane** doesn't get a good grade. 게으르기 때문에, Jane은 좋은 점수를 받지 못한다.

ⓑ 부사절의 주어와 주절의 주어가 다를 경우: 부사절의 주어를 남겨둔다

ex. As **it** is too cold, **we** can't go out.
→ **It** being too cold, **we** can't go out. 너무 춥기 때문에, 우리는 나갈 수 없다.

being의 생략

ⓐ 부사절의 동사가 be동사인 경우: 분사구문에서 being은 생략 가능하다.

ex. (Being) made in Korea, it is easy to use. 한국에서 만들어 졌으므로, 그것은 사용하기가 쉽다.

ⓑ 부사절의 동사가 진행형인 경우: being은 반드시 생략한다.

ex. ~~Being~~ Chewing a gum, he plays baseball. 그는 껌을 씹으면서 야구를 한다.

접속사의 생략

ⓐ before
접속사 before는 생략하지 않는다.
ex. **Before** (생략불가) going out, she looks in the mirror. 그녀는 외출하기 전에 거울을 본다.

ⓑ when. while. after. though
시간(when. while. after)과 양보(though)를 나타내는 접속사는, 문장의 뜻을 분명히 하기 위해서 많은 경우 남겨 둔다.
ex. **When** reading a book, he wears a glasses. (그는)책을 읽을 때, 그는 안경을 쓴다.

분사 구문의 부정

not 또는 never를 분사(~ing. ~ed)의 앞에 놓는다.
ex. **Not** studying hard, he got the poor grade. 열심히 공부하지 않았으므로, 그는 나쁜 점수를 받았다.

UNIT 1 분사 구문의 시제와 생략

1 분사구문의 시제

분사구문에는 단순 분사구문과 완료 분사구문이 있다.

	단순 분사구문		완료 분사구문	
형태	동사원형 + ing		having + P.P	
쓰임	부사절의 시제와 주절의 시제가 같은 경우		부사절의 시제가 주절의 시제보다 더 앞선 경우	
시제	부사절의 시제	주절의 시제	부사절의 시제	주절의 시제
	현재	현재	과거/현재완료	현재
	과거	과거	과거완료	과거
예문	*ex.* Seeing you, I called your name. 너를 보고서, 나는 너의 이름을 불렀어.		*ex.* Having found you, I could be relieved. 너를 찾고 난 뒤에, 나는 안심할 수 있었어.	

ex. I played a game, while I was talking on the phone.
= I played a game, talking on the phone. 전화를 받으면서, 나는 게임을 했다.

ex. After he had finished his homework, he played baseball.
= Having finished his homework, he played baseball. 그의 숙제를 끝낸 후, 그는 야구를 했다.

2 수동태를 나타내는 분사구문의 시제와 생략

수동태를 나타내는 분사구문도 단순 분사구문과 완료 분사구문이 있으며 그 쓰임은 같다.

	단순 분사구문	완료 분사구문
형태	being + P.P	having been + P.P
쓰임	부사절의 시제와 주절의 시제가 같은 경우	부사절의 시제가 주절의 시제보다 더 앞선 경우
예문	*ex.* Being invited, he bought a gift. 초대받았기 때문에 그는 선물을 샀다.	*ex.* Having been interested in languages, he can speaks five languages. 언어에 관심이 있었기 때문에 그는 5개의 언어를 말할 수 있다.

이 때, being이나 having been은 생략이 가능하다.

다음 문장과 분사구분의 시제를 고른 후 두 문장의 뜻이 같아지도록 알맞은 것을 골라 보자.

1 Although she <u>majored</u> in business administration, she <u>became</u> an actress.
　　　　　　　(현재, 과거, 과거 완료)　　　　　　　　　　　　　　(현재, 과거)

= (Majoring, Having majored) in business administration, she became an actress.

(단순, 완료) 분사 구문

2 If you <u>plan</u> to go Taiwan, you <u>have</u> to buy a flight ticket 3 months before.
　　　　　(현재, 과거, 과거 완료)　　　　(현재, 과거)

= (Planning, Having planned) to go Taiwan, you have to buy a flight ticket 3 months before.

(단순, 완료) 분사 구문

3 Since the house <u>was</u> built 70 years ago, we <u>have</u> to move out.
　　　　　　　(현재, 과거, 과거 완료)　　　　(현재, 과거)

= (Being, Having been) built 70 years ago, we have to move out.　　　(단순, 완료) 분사 구문

4 When he <u>had lost</u> his job, he <u>had</u> to find a job as soon as possible.
　　　　　(현재, 과거, 과거 완료)　　(현재, 과거)

= (Loosing, Having lost) his job, he had to find a job as soon as possible.　　(단순, 완료) 분사 구문

5 While she <u>listens</u> to the radio, she <u>drives</u> to work.
　　　　　(현재, 과거, 과거 완료)　　　(현재, 과거)

= (Listening, Having listened) to the radio, she drives to work.　　(단순, 완료) 분사 구문

6 As you <u>invited</u> us, you <u>are</u> to propose a toast.
　　　(현재, 과거, 과거 완료)　　(현재, 과거)

= (Inviting, Having invited) us, you are to propose a toast.　　(단순, 완료) 분사 구문

7 Though it <u>is</u> advertised for a long time, it <u>is</u> still not known very well.
　　　　　(현재, 과거, 과거 완료)　　　　(현재, 과거)

= (Being, Having been) advertised for a long time, it is still not known very well.

(단순, 완료) 분사 구문

8 As I <u>had been</u> born in Tanzania, I <u>got</u> a Swahili name.
　　　(현재, 과거, 과거 완료)　　　　(현재, 과거)

= (Being, Having been) born in Tanzania, I got a Swahili name.　　(단순, 완료) 분사 구문

---

major 전공하다　**move out** 이사나가다　**propose** 제안하다　**toast** 축배　**Tanzania** 탄자니아　**Swahili** 스와힐리어

A 기본 TEST

다음 문장과 분사구분의 시제를 고른 후 두 문장의 뜻이 같아지도록 알맞은 것을 골라 보자.

1 Because we <u>are</u> together since kindergarten, we <u>know</u> each other very well.
(현재, 과거, 과거 완료)　　　　　　　(현재, 과거)
= (Being, Having been) together since kindergarten, we know each other very well.
(단순, 완료) 분사구문

2 While she <u>lived</u> in Paris for 3 years, she <u>learned</u> French.
(현재, 과거, 과거 완료)　　　　(현재, 과거)
= (Living, Having lived) in Paris for 3 years, she learned French.　　(단순, 완료) 분사구문

3 As I <u>was treated</u> well by the host, I <u>am</u> very pleased.
(현재, 과거, 과거 완료)　　　　(현재, 과거)
= (Being, Having been) treated well by the host, I am very pleased.　　(단순, 완료) 분사구문

4 After she <u>had run</u> along the river, she <u>made</u> a big decision.
(현재, 과거, 과거 완료)　　　(현재, 과거)
= (Running, Having run) along the river, she made a big decision.　　(단순, 완료) 분사구문

5 If you <u>turn</u> to the right, you <u>will find</u> an Asian restaurant.
(현재, 과거, 과거 완료)　　(현재(미래), 과거)
= (Turning, Having turned) to the right, you will find an Asian restaurant.
(단순, 완료) 분사구문

6 As I <u>caught</u> up with you, I still <u>want</u> to hear more.
(현재, 과거, 과거 완료)　　　(현재, 과거)
= (Catching, Having caught) up with you, I still want to hear more.　　(단순, 완료) 분사구문

7 Because he <u>drank</u> too much coffee, he <u>can't sleep</u>.
(현재, 과거, 과거 완료)　　　(현재, 과거)
= (Drinking, Having drunk) too much coffee, he can't sleep.　　(단순, 완료) 분사구문

8 As she <u>had</u> a test the next week, she <u>borrowed</u> a lot of books.
(현재, 과거, 과거 완료)　　　(현재, 과거)
= (Having, Having had) a test the next week, she borrowed a lot of books.　　(단순, 완료) 분사구문

---

kindergarten 유치원　　catch up with you ~을 따라잡다

다음 분사구문의 시제를 고르고, 분사구문으로 바꾸어 보자.

1 Though you bought a ticket, you need to confirm your seat.

= *Having bought*   a ticket, you need to confirm your seat.   (단순, ⓐ완료) 분사구문

2 As you have been elected by students, you have to listen to them.

=   by students, you have to listen to them.   (단순, 완료) 분사구문

3 While she is on the way home, she receives a phone call.

=   on the way home, she receives a phone call.   (단순, 완료) 분사구문

4 As I am qualified for the position, I will send my application form.

=   for the position, I will send my application form.   (단순, 완료) 분사구문

5 If you go straight, you can see the laundry.

=   straight, you can see the laundry.   (단순, 완료) 분사구문

6 After we had prepared the ingredients, we got started cooking.

=   the ingredients, we got started cooking.   (단순, 완료) 분사구문

7 Since the guests had been served very well, they recommended the hotel.

=   very well, they recommended the hotel.   (단순, 완료) 분사구문

8 As he was born in Seoul, he knows how to get to the N Seoul Tower.

=   in Seoul, he knows how to get to the N Seoul Tower.   (단순, 완료) 분사구문

9 Although the parcel was sent last week, it didn't arrive yet.

=   last week, the parcel didn't arrive yet.   (단순, 완료) 분사구문

10 Because I was bitten by a dog a few years ago, I have a fear of dogs.

=   by a dog a few years ago, I have a fear of dogs.   (단순, 완료) 분사구문

---

elect 선출하다   laundry 세탁소   application form 지원양식   ingredient 재료   recommend 추천하다

다음 문장을 분사구문으로 바꾸고, 알맞은 시제를 골라 보자.

1 While she was answering the phone, she was jotting down numbers.

= *Answering* the phone, she was jotting down numbers.　(단순, 완료) 분사구문

2 Since I played a game all night, I am so tired.

= _____ a game all night, I am so tired.　(단순, 완료) 분사구문

3 When he arrived at the airport, he met his students.

= _____ at the airport, he met his students.　(단순, 완료) 분사구문

4 Even though she bought a new camera, she does not want to use it.

= _____ a new camera, she does not want to use it.　(단순, 완료) 분사구문

5 Because she had been tired from the work, she went back home right away.

= _____ tired from the work, she went back home right away.

(단순, 완료) 분사구문

6 As the book was written in Latin, it is required to have someone who can translate it.

= _____ in Latin, the book is required to have someone who can translate it.

(단순, 완료) 분사구문

7 While we negotiate the prices, we record our conversation just in case.

= _____ the prices, we record our conversation just in case.

(단순, 완료) 분사구문

8 Though I have lived in Spain, I am not good at Spanish.

= _____ in Spain, I am not good at Spanish.　(단순, 완료) 분사구문

9 When my dog barks loudly, it is hungry.

= _____ loudly, my dog is hungry.　(단순, 완료) 분사구문

10 If you quit your job, you should sell your car.

= _____ your job, you should sell your car.　(단순, 완료) 분사구문

---

jot down (급히)쓰다/적다

다음에서 생략할 수 있는 부분이 있으면 지워 보자.

1 ~~Having been~~ broadcasted on TV, this commercial is very popular.

2 Printing it in color, you need to replace the ink cartridge.

3 Being shy at first, she hides behind a big pine tree.

4 Watching the show, I could not answer the phone.

5 Having been injured during the war, he limps.

6 Having lost his wallet, he walked instead of taking bus.

7 Being written in grey, your letter is difficult to read.

8 Having cousins in Germany, she is going to Germany this year.

9 Buying one box of cookies, you will get one more for free.

10 Having been broken, the laptop was sent to a repair shop.

11 Reading a book, I heard a knock at the door.

12 Being left alone, the kid started to cry.

13 Being invited to a luncheon, she asked to leave the office early.

14 Having invited many friends, she orders a lot of pizza.

15 Standing on the beach, we watch the sunset.

---

commercial 광고   **pine tree** 소나무   **limp** 절뚝거리다 **luncheon** 오찬

다음 분사구문의 시제를 고르고 문장을 완성해 보자.

1 춤을 함께 추면서, 우리는 노래를 불렀다.　　　　　　　　(단순) 완료) 분사구문

　　　Dancing　　　together. we　　*sang*　　a song.

2 빨간 드레스를 입는다면, 당신은 드레스코드에 적합합니다.　　　(단순, 완료) 분사구문

　　　　　　　　a red dress. you　　　　　suitable for a dress code.

3 그녀의 집을 청소하고 난 뒤에, 그녀는 그녀의 가족을 초대했다.　(단순, 완료) 분사구문

　　　　　　　her house. she　　　　　her family.

4 날짜를 적어놨음에도 불구하고, 나는 그것을 완전히 잊고 있었어.　(단순, 완료) 분사구문

　　　　　　　down the date. I totally　　　　　it.

5 쿠폰을 가지고 있기 때문에, 우리는 무료음료를 마실 수 있었다.　(단순, 완료) 분사구문

　　　　　　　a voucher. we　　　　　get free drinks.

다음 분사구문의 시제를 고르고 문장을 완성해보자.

1 경호원들에게 보호받고 있으면서도 나는 여전히 불안하다.　　　(단순, 완료) 분사구문

　　　　　　　by bodyguards. I　　　　　still nervous.

2 두 번이나 망가졌음에도 불구하고, 이 목걸이는 늘 그렇듯 나의 애장품이다.　(단순, 완료) 분사구문

　　　　　　　twice. this necklace　　　　　my favorite as usual.

3 어제 보고되었기 때문에, 계획은 수정될 수 없다.　　　　　　(단순, 완료) 분사구문

　　　　　　　yesterday. the plan　　　　　not modified.

4 개에게 물렸었기 때문에, 그녀는 개에 대한 두려움을 가지고 있다.　(단순, 완료) 분사구문

　　　　　　　by dog. she　　　　　a fear of dogs.

5 가시에 찔렸을 때, 나는 울지 않을 수 없었다.　　　　　　　(단순, 완료) 분사구문

　　　　　　　by a thorn. I　　　　　not help crying.

---

suitable for ~에 적합한　voucher 쿠폰　jot down (급히) 쓰다, 적다　bodyguard 경호원　as usual 늘 그렇듯
report 보고하다　modify 수정하다　prick 찌르다　thorn 가시

다음 우리말 분사구문의 시제를 고르고, 주어진 동사를 이용하여 문장을 완성해 보자.

1 아침을 먹고 나서, 그녀는 학교로 떠났다.　　　　　　　　　　　　　　　　(단순, (완료)) 분사구문

　　Having eaten breakfast. she *left* for school.(eat. leave)

2 페인트가 칠해지는 동안, 가구는 아이들로부터 멀리 떨어져 있어야 한다.　　　　(단순, 완료) 분사구문

　　　　　　　　　. the furniture　　　　　　　far from children.(paint. be)

3 바닥을 진공청소기로 청소하면서, 그녀는 노래를 부른다.　　　　　　　　　　(단순, 완료) 분사구문

　　　　　　　　the floor. she　　　　　　a song.(vacuum. sing)

4 밤새 깨어있었기 때문에, 나는 매우 피곤하다.　　　　　　　　　　　　　　(단순, 완료) 분사구문

　　　　　　　　all night. I　　　　　　too tired.(stay up. be)

5 고속도로에서 운전했을 때, 그는 교통사고를 목격했다.　　　　　　　　　　　(단순, 완료) 분사구문

　　　　　　on the highway. he　　　　　　a traffic accident.(drive. witness)

6 그녀의 결혼에 관해 들었기 때문에, 나는 축하인사를 하기 위해 그녀에게 전화했다.　(단순, 완료) 분사구문

　　　　　about her wedding. I　　　　　　her to say congratulations.(hear. call)

7 1985년에 지어졌기 때문에, 이 건물은 보수가 필요하다.　　　　　　　　　　(단순, 완료) 분사구문

　　　　　in 1985, this building　　　　　　to be renovated.(build. need)

8 열쇠를 가져오는 것을 잊었기 때문에 그녀는 문밖에서 나에게 소리쳤다.　　　　(단순, 완료) 분사구문

　　　　　to bring a key. she　　　　　　to me from the door.(forget. call out)

9 최고의 배우로 지명되었을 때 그는 기뻐서 울었다.　　　　　　　　　　　　(단순, 완료) 분사구문

　　　　　as a best actor. he　　　　　　for joy.(nominate. cry)

10 그녀에게 잘못된 정보를 주었기 때문에, 나는 미안함을 느낀다.　　　　　　　(단순, 완료) 분사구문

　　　　　her wrong information. I　　　　　　sorry about that.(give. feel)

vacuum 진공청소기로 청소하다　highway 고속도로　witness 목격하다　nominate 지명하다

UNIT 2 분사구문의 관용적 표현

🔷 분사구문의 관용적 표현들은 다음과 같다.

assuming (that)	만일 ~라고 가정하면
compared with	~와 비교해서
considering (that)	~을 고려하면
frankly speaking	솔직히 말하자면
generally speaking	일반적으로 말하면
judging from	~으로 판단하건대
roughly speaking	대략적으로 말하자면
seeing (that)	~인 것으로 보아
speaking of	~관해 말한다면
strictly speaking	엄격히 말하자면

assume 추정하다 strictly 엄격하게

ex. **Compared with** the other grammar books, this is the best one.
다른 문법책들과 비교해서 이 책이 최고야.

Considering that the weather is bad recently, we should postpone our schedule.
최근 날씨가 나쁜 것을 고려하면, 우리는 일정을 미루는 게 좋겠어.

Frankly speaking, I am not good at English.
솔직히 말하자면, 난 영어를 잘 하지 못해.

Seeing that we are going the same way, could you give me a ride?
우리가 같은 방향인걸로 보아, 나를 태워줄 수 있을까요?

Strictly speaking, your answer is not correct.
엄격히 말하자면, 너의 답은 맞지 않아.

A 기초 TEST

보기에서 알맞은 것을 골라 써 넣어 보자.

| 보기 |

compared with   judging from
assuming (that)   roughly speaking
considering (that)   seeing (that)
frankly speaking   speaking of
generally speaking   strictly speaking

1 만일 ~라고 가정하면   *assuming (that)*

2 대략적으로 말하자면

3 일반적으로 말하면

4 ~와 비교해서

5 ~관해 말한다면

6 엄격히 말하자면

7 ~으로 판단하건대

8 ~을 고려하면

9 ~인 것으로 보아

10 솔직히 말하자면

우리말에 알맞게 문장을 완성해보자.

1 대략적으로 말하자면, 학교에 가는데 20분 정도 걸립니다.

  Roughly speaking, it takes twenty minutes to get to school.

2 만일 교통체증이 없다고 가정하면, 우리는 저녁 전까지 집에 돌아갈 수 있어.

  , we can return home before dinner.

3 그의 목소리로 판단하건대, 그는 화났음이 틀림없어.

  , he must be upset.

4 솔직히 말하자면, 나는 그녀와 함께 가고 싶지 않아.

  , I do not want to go with her.

5 너의 컨디션을 고려하면, 너는 잘 해냈어.

  , you did a good job.

6 엄격히 말하자면, 그 치마는 너한테 잘 어울리지 않아.

  , that skirt is not good on you.

7 나의 고향과 비교해서, 여기는 다소 쌀쌀하네요.

  , it is rather chilly here.

8 어지러움이 느껴지는 것으로 보아, 나는 휴식을 취하는 게 좋겠어.

  , I should take some rest.

9 일반적으로 말하면, 커피가 티보다 카페인을 더 가지고 있습니다.

  , coffee has more caffeine than Tea.

10 그 음식에 관해 말한다면, 매우 맛있었습니다.

  , it was very tasty.

---

traffic jam 교통체증   **chilly** 쌀쌀한   **dizzy** 어지러운

01 다음 빈칸에 알맞은 말을 고르시오.

> _____ this button, you can operate this machine.
>
> 버튼을 누르면, 당신은 이 기계를 작동할 수 있습니다.

① Press
② Pressing
③ Having pressed
④ Having been pressed
⑤ To press

02 다음 밑줄 친 부분을 분사구문으로 알맞게 바꾼 것을 고르시오.

> <u>While we walked along the river,</u> we could discuss the next project.

① We walked along the river,
② Walking along the river,
③ Walked along the river,
④ Having walking along the river,
⑤ Having walked along the river,

[03~04] 다음 우리말의 뜻에 맞게 괄호 안에 동사의 형태를 알맞게 쓰시오.

03

> 요즘 우리의 재정상황을 고려하면, 우리는 너무 많이 소비해.
>
> (consider) _____ our financial condition nowadays, we (spend) _____ too much.

financial 재정의   nowadays 요즈음

→ _____

04

> 음식에 만족했기 때문에 우리는 다음 일요일에 또 예약 할 것이다.
>
> (be) _____ satisfied with the food, we (make) _____ a reservation for next Sunday again.

→ _____

05

> 연간보고서를 발표하면서, 그녀는 자신 있게 질문들에 답했다.
>
> (present)_____the annual report, she (answer)_____ the questions with confidence.

→ _____

06 다음 밑줄 친 부분과 바꾸어 쓸 수 있는 것을 고르시오.

> Having been treated badly,
> I am complaining about the service.

① When I was treated badly,
② If I was treated badly,
③ As I was treated badly,
④ Though I was treated badly,
⑤ Before I was treated badly,

07 다음 문장을 우리말로 바르게 바꾼 것은?

> Feeling lonely, you should call me.

① 외롭게 느껴지면, 너는 나에게 전화해야 해.
② 외롭기 느껴졌기 때문에, 너는 나에게 전화했다.
③ 외롭게 느끼기 위해서, 너는 나에게 전화해야 해.
④ 외롭게 느껴질 때면, 너는 나에게 전화했다.
⑤ 외롭게 느껴졌음에도 불구하고, 너는 나에게
　전화했다.

08 다음 중 쓰임이 같은 것끼리 짝지은 것을 고르시오.

> Having ⓐlived in China, I can
> speak Chinese. I ⓑlearned the
> language for a year as my parents
> ⓒforced me to do it. I ⓓhad
> difficulties at the beginning,
> now I really appreciate having
> ⓔlearned it.

① ⓐ-ⓑ　　　② ⓑ-ⓔ　　　③ ⓒ-ⓔ
④ ⓐ-ⓓ　　　⑤ ⓐ-ⓔ

09 다음 우리말에 알맞게 분사구문으로 영작하시오.

> 비록 그녀는 그녀의 직업을 잃었을지라도, 매우
> 긍정적이다.

→ _____

　she is very positive.

10 다음 괄호안의 동사의 알맞은 형태를 쓰시오.

> (listen) _____ to her carefully,
> you will understand it.

→ _____

[11–12] 다음 대화를 읽고 물음에 답하시오.

Emily : ⓐ I think you must finish your homework now. <u>When you have something to do, you can not go out with us.</u>

Sofia : Well, I don't think so. ⓑ This homework is by next week.

Emily : ⓒ I did not know that. Then You have plenty of time.

Sofia : ⓓ It will take only two hours.

Emily : Alright, you should bring an umbrella. ⓔ It will be raining tonight.

---

11 다음 밑줄 친 문장을 분사구문으로 바꾼 것으로 옳은 것을 고르시오.

① Having had something to do, you can not go out with us.

② Having something to do, you can not go out with us.

③ Having been had something to do, you could not go out with us.

④ Having something to do, you could not go out with us.

⑤ Being had something to do, you can not go out with us.

12 위의 ⓐ~ⓔ 중 Roughly speaking, 이 들어갈 자리로 옳은 것은?

① ⓐ　②ⓑ　③ⓒ　④ⓓ　⑤ⓔ

13 다음 주어진 문장을 분사구문으로 바꿀 때 밑줄 친 부분을 알맞게 고치시오.

<u>When I finished practicing the piano</u>, I felt sleepy.

피아노 연습을 끝냈을 때, 나는 졸렸다.

→ _____

I felt sleepy.

14 다음 문장을 분사구문으로 바꾼 것으로 옳은 것은?

If it is found at the beginning, cancer can be treated efficiently.

---

cancer 암　efficiently 효율적으로

① To find at the beginning, cancer can be treated efficiently.

② Finding at the beginning, cancer can be treated efficiently.

③ Having founding at the beginning, cancer can be treated efficiently.

④ Founded the cancer at the beginning, cancer can be treated efficiently.

⑤ Found at the beginning, cancer can be treated efficiently.

15 다음 문장에서 어색한 부분을 찾아 바르게 고치시오.

> Being not satisfied, he grumbled about the situation.

grumble 투덜거리다

→ _____

[16–17] 다음 글을 읽고 물음에 답하시오.

> The trip was amazing. ⓐBeing alone, I did not feel lonely. I met many people in the restaurant, at the station and at the guest house. ⓑAs we had a lot in common (We all were travelers!), we talked and laughed together. I am still keeping in touch with them. It was great experience.

16 ⓐ를 접속사를 사용하여 바꾸어 보시오.

→ _____

17 ⓑ를 분사구문을 사용하여 바꾸어 보시오.

→ _____

18 다음 주어진 단어를 우리말에 맞도록 배열하시오.

> 그의 억양으로 판단하건대, 그는 시카고에서 살았다.
>
> (his, lived, Chicago, intonation, from, in, he, judging)

intonation 억양

→ _____

19 다음 중 옳지 않은 문장을 고르시오.

① Chewing the gum, she approached me.
② Being surrounded by friends, he seems to be happy.
③ Being shy, the kid hides behind of her parents.
④ Doing every day, this exercise can strengthen your body.
⑤ Asked to give a speech, he went on stage.

20 위 문제에서 옳지 않은 문장을 바르게 고치시오.

→ _____

01 다음 분사구문을 우리말로 바르게 고친 것은?

> Having lunch, we heard the bell ringing.

① 점심을 먹었기 때문에, 우리는 벨이 울리는 것을 들었다.

② 점심을 먹고 있을 때, 우리는 벨이 울리는 것을 들었다.

③ 점심을 먹고 나서, 우리는 누군가 벨을 누르는 것을 들었다.

④ 점심을 먹고 있을 때, 우리는 누군가 벨을 누르는 것을 들었다.

⑤ 점심을 먹었더라면, 우리는 벨이 울리는 것을 들었을 것이다.

02 다음 문장에서 생략된 부분의 위치를 고르고, 생략된 내용을 넣어서 문장을 다시 쓰시오.

> ⓐ Invited ⓑ tonight, ⓒ I borrowed a dress from Mary ⓓ.

→ 생략된 위치 : _____

→ _____

_____

_____

03 다음 빈칸에 들어갈 알맞은 말을 주어진 우리말과 뜻이 통하도록 고르시오.

> _____ others, our model is much excellent.
>
> 다른 사람들과 비교하면 우리의 모델이 훨씬 더 탁월합니다.

① Compared with

② Frankly speaking

③ Roughly speaking

④ Judging from

⑤ Assuming that

04 다음 중 어법상 어색한 부분을 하나만 고르시오.

> ⓐBeing painted ⓑthis house ⓒwhite, this house ⓓlooks ⓔgorgeous.

gorgeous 매력적인

① ⓐ

② ⓑ

③ ⓒ

④ ⓓ

⑤ ⓔ

[05–07] 다음 대화를 읽고 물음에 답하시오.

Amy : Tom, do you want to go to the library?
Tom : Library? Seriously? I think that you are not interested in books.
Amy : You're right. ⓐAs I was not interested in books, I joined a book club. ⓑHaving joined a book club, I have to read 2 books a month.
Tom : That't a big decision for you. _____ⓒ_____ , it is not that easy to read two books every month. Do you have an ID card? To borrow books, you must have it.
Amy : Really? Just wait, I will find it.

05 밑줄 친 ⓐ를 분사구문을 사용하여 문장을 바꾸시오.

→ _____

_____

06 밑줄 친 ⓑ를 접속사를 사용하여 절로 바꾸시오.

→ _____

_____

07 빈칸 ⓒ에 들어갈 수 있는 분사구문의 관용적 표현을 고르시오.

① Speaking of
② Strictly speaking
③ Considering
④ Assuming that
⑤ Judging from

08 다음 중 생략이 가능한 부분을 골라 쓰시오.

Having been broken, the fan was sent to a repair shop.
망가졌기 때문에, 선풍기는 수리점으로 보내졌다.

→ _____

09 다음 주어진 단어를 우리말에 알맞게 배열하시오.

연속극을 보고 있었기 때문에, 나는 너의 목소리를 들을 수 없었다.

(the, soap opera, hear, your, not, could, I, watching, voice)

soap opera 연속극

→ _____

_____

[10-12] 다음 우리말과 뜻이 통하도록 분사구문의 형태를 고르시오.

10

(Working, Having worked) hard, I feel so tired.

열심히 일하기 때문에, 나는 매우 피곤하다.

11

(Buying, Having bought) a pencil case yesterday, I lost it just now.

어제 필통을 샀음에도 불구하고, 나는 방금 그것을 잃어버렸다.

12

(Drinking, Having drunk) too much milk, she has a stomachache.

우유를 너무 많이 마셨기 때문에, 그녀는 배가 아프다.

13 다음 주어진 문장을 분사구문으로 바꿀 때 주어진 동사를 빈칸에 알맞게 바꾸시오.

When they saw me, they looked surprised.

→ (see) _____ me, they looked surprised.

[14-15] 다음 글을 읽고 물음에 답하시오.

We went shopping for the summer vacation. There were many people at the shopping mall. ⓐBeing in a line to pay, we were discussing a plan. Though the line was too long, we were having fun. ⓑWhen we arrived at the counter, we found out that our wallets were stolen.

14 밑줄 친 ⓐ를 접속사를 사용하여 절로 바꾸시오.

→ _____

_____

15 밑줄 친 ⓑ 문장을 분사구문으로 바꾸어 쓰시오.

→ _____

_____

16 다음 중 밑줄 친 부분과 바꾸어 쓸 수 있는 것을 고르시오.

> <u>Planning</u> to go skiing, she went to buy a ski suit.

ski suit 스키복

① Since she planned
② If she planned
③ Because she plans
④ Though she plans
⑤ While she planned

17 다음 우리말에 맞도록 괄호 안에 동사를 이용하여 분사구문으로 쓰시오.

> 설거지를 한 후에, 그녀는 긴 의자에 앉아 라디오를 들었다.
> (wash) _____ the dishes, she (listen) _____ to the radio on the couch.

_____ ,

_____

18 다음 중 옳은 문장을 고르시오.

① Having written in Spanish, this book has to be translated.
② Calling by a teacher, he stopped chatting.
③ Having hired, he was so happy.
④ Having lived in Seoul, I know very well about this city.
⑤ Being gone home, I called my mom.

19 다음 밑줄 친 분사구문의 시제가 나머지와 <u>다른</u> 하나는?

① <u>Being tired</u>, I went back home.
② <u>Closing the door</u>, she turned off the lights.
③ <u>Having dinner</u>, she was crying.
④ <u>Having read a book</u>, I was sad.
⑤ <u>Being invited</u>, he was nervous.

20 다음 문장을 알맞게 해석하시오.

> Assuming that you finish cleaning your room before 6 o'clock in the evening, we can go out for dinner.

→ _____

_____

_____

Chapter 5

조동사

조동사란?

1 can의 과거형과 미래형

> can의 과거 : could, was/were able to ~할 수 있었다.

can을 could로 바꿔 준다.
ex. He **could** drive a truck. 그는 트럭을 운전할 수 있었다.

can은 be able to로 바꿔 쓸 수 있으므로, 과거형 was/were able to로 바꿔 쓸 수 있다.
ex. He **was able to** drive a truck. 그는 트럭을 운전 할 수 있었다.

> can의 미래 : will be able to ~할 수 있을 것이다.

can의 미래형은 없으므로 be able to로 바꿔 이것의 미래형 will be able to를 쓰면 된다.
ex. He **will be able to** run fast. 그는 빨리 달릴 수 있을 것이다.

현재	과거	미래
~할 수 있다	~할 수 있었다	~할 수 있을 것이다
can = am/are/is able to	could = was/were able to	will be able to

2 의무의 must / have to의 과거형과 미래형

> 과거 : had to ~해야만 했다.

must 또는 have(has) to를 had to로 바꿔 준다.
ex. He **had to** study hard. 그는 열심히 공부해야만 했다.

> 미래 : will have to ~해야만 할 것이다.

must 또는 have(has) to를 will have to로 바꿔준다.
ex. You **will have to** excuse him. 너는 그에게 사과해야만 할 것이다.

현재	과거	미래
~해야만 한다	~해야만 했다	~해야만 할 것이다
must = have(has) to	had to	will have to

3 조동사의 관용구

ⓐ **had better** + 동사원형 : ∼하는 것(편)이 낫다. (강한 충고, 경고)
  ex. You **had better** do your homework first. 너는 우선 숙제를 하는 것이 낫다.

ⓑ **would rather** + 동사원형 : (차라리) ∼하는 편이 낫겠다. (대체)
  ex. You **would rather** stay at home. 너는 차라리 집에 있는 편이 좋겠다.

ⓒ **used to**(would) + 동사원형 : ∼하곤 했다. (과거의 습관)
  더 이상 행하지 않는 과거의 습관을 말한다.
  → 이때는 **would**로 바꿔 쓸 수 있다.
  ex. He **used to** get up early. 그는 일찍 일어나곤 했다. (지금은 안한다)
    = He **would** get up early.

ⓓ **used to** + 동사원형 : ∼이었다. (과거의 상태)
  현재 계속되고 있지 않은 과거의 상태를 말한다.
  → 이때는 **would**로 바꿔 쓸 수 없다.
  ex. There **used to** be a tree around here. (Now there isn't)
    이 근처에 나무 한 그루가 있었다. (지금은 없다.)

ⓔ **be used to** + 동명사 : ∼하는데 익숙하다.
  ex. He **is used to** washing a car. 그는 세차하는데 익숙하다.

ⓕ **get used to** + 동명사 : ∼하는 데 익숙해지다.
  ex. She **got used to** cooking fish. 그녀는 생선요리를 하는 데 익숙해졌다.

ⓖ **may well** + 동사원형 : ∼하는 것은 당연하다.
  ex. You **may well** say so. 네가 그렇게 말하는 것은 당연하다.

ⓗ **may as well** + 동사원형 : ∼하는 것이 좋겠다.
  ex. He **may as well** stay at home. 그는 집에 있는 것이 좋겠다.

UNIT 1

can/could, may/might

1 can/could

can = be able to	능력/가능	~할 수 있다
can/could	요청	~해 주겠니/~ 해 주시겠습니까?
can/could	허가	~해도 되겠니/~해도 될까요?
cannot	부정적 추측	~일 리가 없다

* 요청, 허가에서 can보다 공손한 표현으로 could를 사용한다.

ex. 〈능력〉 I **can** speak English. 나는 영어를 할 수 있다.

〈요청〉 **Can/Could you** pass me that box? 그 박스를 나에게 건네주겠니/주시겠습니까?

〈허가〉 **Can/Could I** use your laptop? 내가 너의 노트북을 써도 되겠니/될까요?

〈추측〉 She **cannot** be a spy. 그녀가 스파이 일리가 없다.

2 may/might

	약한 추측, 가능성	~일지도 모른다
may/might	허가	~해도 좋다
May + 주어 + 동사	기원	~하소서

ex. 〈약한 추측, 가능성〉 The clock **may** be broken. 시계는 고장일지도 모른다.

〈허가〉 You **may** take a picture with me. 나와 함께 사진을 찍어도 좋다.

May I come in? 들어가도 될까요?

〈기원〉 **May you** live long! 만수무강하소서!

may well	~하는 것은 당연하다
may(might) as well	~하는 것이 좋겠다.

ex. He **may well** say that. 그가 그렇게 말하는 것은 당연하다.

You **may as well** relax. 너는 안정하는게 좋은 것 같다.

기초 TEST

정답 및 해설 p.16

다음 문장의 can의 쓰임을 고르고 우리말로 옮겨보자.

1 She can fix my car.   (능력/가능, 요청, 허가, 부정적 추측)

→ 그녀는 나의 차를   고칠 수 있다   .

2 Can I wait for you in your car?   (능력/가능, 요청, 허가, 부정적 추측)

→ 내가 네 차 안에서 너를   ?

3 He can give you a ride.   (능력/가능, 요청, 허가, 부정적 추측)

→ 그는 너를   .

4 Tim cannot be a criminal.   (능력/가능, 요청, 허가, 부정적 추측)

→ Tim이 범인   .

5 Mary, can you chop these carrots?   (능력/가능, 요청, 허가, 부정적 추측)

→ Mary, 이 당근들을   ?

다음 문장의 may의 쓰임을 고르고 우리말로 바꿔 보자.

1 She may change the seat.   (약한 추측/가능, 허가, 기원)

→ 그녀는 자리를   .

2 Mom may come home late.   (약한 추측/가능, 허가, 기원)

→ 엄마는 늦게 집에   .

3 May all your dreams come true!   (약한 추측/가능, 허가, 기원)

→ 너의 모든 꿈들이   !

4 He may claim his right.   (약한 추측/가능, 허가, 기원)

→ 그는 그의 권리를   .

5 They may sleep over tonight.   (약한 추측/가능, 허가, 기원)

→ 그들은 오늘밤   .

---

give ~ a ride ~를 태워 주다 reveal 밝히다 chop 토막토막 자르다 come true 이루어지다 claim 주장하다
sleep over 자고 가다(오다)

Chapter 5 125

A 기본 TEST

다음 중 우리말에 알맞은 것을 골라 보자.

1 (Can, Could) you buy two tubes of toothpaste? 치약 2개를 사다 주시겠습니까?

2 (May, Can) you be loved always! 언제나 사랑 받으소서!

3 (Can, Could) you stop annoying me? 나를 짜증나게 하는 것을 그만 둬 주겠니?

4 She (cannot, could not) be fond of me. 그녀가 나를 좋아할 리가 없다.

5 We (can, might) miss the train. 우리는 기차를 놓칠지도 모른다.

6 He (may, might) well wonder who you are. 그가 네가 누구인지 궁금해 하는 것은 당연하다.

7 (Can, Could, May) I copy your note? 당신의 노트를 복사해도 될까요?

8 You (can, may) have this book. 너는 이 책을 가져도 좋다.

9 When you arrive at the hotel, (can, could) you give me a call?
호텔에 도착하면 저에게 전화해주시겠습니까?

10 (Might, Could) you sit down here? 여기에 앉아 주시겠습니까?

11 They (may, can) as well shut their mouth up. 그들은 입을 다물고 있는 편이 낫다.

12 Your dog (could, might) swallow your ring. 너의 개가 너의 반지를 삼킬지도 모른다.

13 If you are alright, (can, could) you let me know your contact?
만일 네가 괜찮다면, 나에게 너의 연락처를 알려주겠니?

14 She (cannot, may not) leave me alone. 그녀가 나를 두고 갈 수가 없다.

15 (Can, Could, May) I talk to you before the conference. 회의 전에 당신과 이야기해도 될까요?

---

toothpaste 치약   **annoy** 짜증나게 하다

B 기본 TEST

정답 및 해설 p.16

다음 중 우리말에 알맞은 것을 골라 보자.

1 As the show is over, you (could, (might)) go to see him. 공연이 끝났으니, 당신은 그를 보러 가도 좋다.

2 If you don't mind, (can, may) I turn the music on? 네가 괜찮다면, 음악을 틀어도 되겠니?

3 He (can, may) be hurt by you. 그는 너로 인해 상처받을지도 모른다.

4 (Could, Might) we take a rest for a while? 우리 잠시만 휴식을 취해도 될까요?

5 (Can, May) you succeed! 성공하소서!

6 She (can, may) teach you how to cook. 그녀는 너에게 어떻게 요리하는지 가르칠 수 있다.

7 Jack (may, can) well miss you. Jack이 너를 그리워하는 것은 당연하다.

8 He (can, may) swim faster than me. 그는 나보다 빠르게 수영할 수 있다.

9 You (can, may) as well ask him a question. 너는 그에게 질문하는 편이 낫다.

10 (Can, May) you be rich! 부자가 되소서!

11 (Could, Might) you help me out? 나를 도와주시겠습니까?

12 We (can, may) go swim if you want to. 만일 네가 원한다면, 우리는 수영을 하러 갈 수 있어.

13 Jane (can, may) solve the problem. Jane은 그 문제를 풀 수 있다.

14 You (can, may) well doubt my story. 네가 나의 이야기를 의심하는 것은 당연하다.

15 She (can, may) forget to meet us at 5 o'clock. 그녀는 5시에 우리를 만날 것을 잊을지도 모른다.

---

be over 끝나다   **hurt** 감정을 상하게 하다   **for a while** 잠시 동안   **help out** 도와주다   **doubt** 의심하다

A 실력 TEST

다음 중 우리말에 알맞게 문장을 완성해보자.

1 _Can_ we fasten the rope here?
우리는 여기 밧줄을 꽉 매도되겠니?

2 It _____ be my fault!
그것이 나의 잘못일 리가 없다!

3 _____ you rest in peace!
평화에 안식을 누리소서!

4 _____ I ask a question?
내가 질문하나 해도 될까요?

5 We _____ work this weekend.
우리는 이번 주에 일할지도 모른다.

6 You _____ leave now.
너희들은 지금 떠나도 좋다.

7 He _____ be a singer.
그는 다시 가수일 리가 없다.

8 You _____ participate in today's meeting.
너는 이번 회의에 참여해도 좋다.

9 _____ you operate this machine?
이 기계를 작동시켜 주시겠습니까?

10 _____ you answer me?
대답해 주시겠어요?

---

fasten 매다 rope 밧줄 fault 잘못 in peace 편안히 commit 저지르다 crime 범죄 operate 작동하다
machine 기계

다음 중 우리말에 알맞게 문장을 완성해보자.

1 *Could I start*   to clean up this room?

이 방 청소를 시작해도 될까요?

2 The big fire   at any time.

큰 화재는 언제라도 발생할 수 있다.

3   you always   !

언제나 웃으소서!

4 You   for 5 minutes.

너는 5분간 휴식을 취해도 좋다.

5 He   with his neighbor.

그는 그의 이웃과 말싸움 할지도 모른다.

6   me up?

나에게 기운을 북돋아 주겠니?

7 It   your axe.

그것이 너의 도끼일 리가 없다.

8 This letter   by Susan.

이 편지는 Susan에 의해 쓰인 것 일지도 모른다.

9   what happens now?

지금 무슨 일이 생긴 건지 설명해 주시겠습니까?

10 You   my clay in order to finish your homework.

숙제를 마치기 위해서 내 점토를 가져가도 좋다.

---

break out 발생하다/발발하다   at any time 언제라도   quarrel 말싸움을 하다   cheer up 기운을 북돋아 주다   clay 점토

UNIT 2 must, have to, need

1 must와 have to

💎 must는 의무와 강한추측을 나타내며, 의무를 나타낼 때는 have to와 바꿔 쓸 수 있다.

must	의무	~해야만 한다
have to		
must	강한 추측	~임에 틀림없다

ex. 〈의무〉 You **must** tell the truth. 너는 진실을 말해야 한다.
　　　= You **have to** tell the truth.
　　 〈강한 추측〉 She **must** be upset. 그녀는 화났음에 틀림없다.
　　　= ~~She has to be upset.~~

💎 의무를 나타낼 경우 must의 부정은 have to의 부정과 서로 의미가 달라서 바꿔 쓸 수 없다.

must not	금지	~해서는 안 된다
don't have to	불필요	~할 필요가 없다

ex. 〈금지〉 You **must not** break the rules. 너는 규칙을 어겨서는 안된다.
　　 〈불필요〉 She **does not have to** stay with us. 그녀는 우리와 함께 머무를 필요가 없다.

2 need

need	필요	~할 필요가 있다
need not (조동사)	불필요	~할 필요가 없다
don't need to (본동사)		

긍정문에서는 본동사로, 부정문과 의문문에서는 본동사 또는 조동사로 쓰인다.

ex. 〈긍정문〉 He **needs** to buy a coat. (본동사) 그는 코트를 살 필요가 있다.

ex. 〈부정문〉 He **doesn't need** to buy a coat. (본동사) 그는 코트를 살 필요가 없다.
　　　= He **need not** buy a coat. (조동사)

ex. 〈의문문〉 Does he **need** to buy a coat? (본동사) 그는 코트를 살 필요가 있니?
　　　= **Need** he buy a coat? (조동사)

다음 문장의 must의 쓰임을 고르고 우리말로 바꿔 보자.

1 You must lock all the windows before leaving. (의무, 강한 추측, 금지)

너는 떠나기 전에 모든 창문을 *잠궈야 한다* .

2 All employees must not smoke. (의무, 강한 추측, 금지)

모든 고용된 사람들은 .

3 He must read this book to take an exam. (의무, 강한 추측, 금지)

그는 시험을 치루기 위해서 .

4 She must be Chloe. (의무, 강한 추측, 금지)

그녀는 Chloe .

5 That house must be built in the 1980s. (의무, 강한 추측, 금지)

그 집은 1980년대에 .

6 The copy of the contract must arrive by tomorrow. (의무, 강한 추측, 금지)

계약서 사본은 내일까지 .

7 Your credit card must be expired. (의무, 강한 추측, 금지)

너의 신용카드는 .

8 The children must not drink any beverages with alcohol. (의무, 강한 추측, 금지)

그 어린이들은 술이 들어간 어떤 음료도 .

9 We must arrange these books alphabetically. (의무, 강한 추측, 금지)

우리는 알파벳순으로 이 책들을 .

10 Returning from a long flight, you must be tired. (의무, 강한 추측, 금지)

장시간 비행하고 돌아 왔기 때문에, 너는 .

1980s 1980년대 copy of the contract 계약서 사본 arrange 정리하다/배열하다 alphabetically 알파벳순으로
beverage 음료

A 기본 TEST

주어진 문장을 같은 표현의 문장으로 바꿔보자.

1 You don't need to pretend being kind.　　　　　(의무, 강한 추측, 불필요)

= You 　　*don't have to pretend*　　 being kind.

= You 　　*need not pretend*　　 being kind.

2 I have to earn money to support her family.　　　　　(의무, 강한 추측, 불필요)

= I 　　　　　　　　　　　 money to support her family.

3 He does not have to call me.　　　　　(의무, 강한 추측, 불필요)

= He 　　　　　　　　　 me.

= He 　　　　　　　　　 me.

4 They need not take a shower right now.　　　　　(의무, 강한 추측, 불필요)

= They 　　　　　　　　　 a shower right now.

= They 　　　　　　　　　 a shower right now.

5 She must enter the password.　　　　　(의무, 강한 추측, 불필요)

= She 　　　　　　　　　 the password.

6 We need not go to school tomorrow.　　　　　(의무, 강한 추측, 불필요)

= We 　　　　　　　　　 to school tomorrow.

= We 　　　　　　　　　 to school tomorrow.

7 Do you need to call the police?　　　　　(의무, 강한 추측, 필요)

= 　　　　　　　　 you 　　　　　　　　　 the police?

8 Need he see a dentist?　　　　　(의무, 강한 추측, 필요)

= 　　　　　　　　 he 　　　　　　　　　 a dentist?

---

earn money 돈을 벌다　support one's family 가족을 부양하다

다음 중 밑줄 친 동사가 본동사 인지 조동사 인지 골라 보자.

1 Do I <u>need</u> to call off the trip? (본동사, 조동사)

2 It doesn't <u>need</u> to lock the door. (본동사, 조동사)

3 She <u>need</u> not record this program. (본동사, 조동사)

4 They really <u>need</u> to take a rest. (본동사, 조동사)

5 <u>Need</u> he go to City hall? (본동사, 조동사)

6 He <u>needed</u> to see an engineer before landing. (본동사, 조동사)

7 You do not <u>need</u> to be frustrated. (본동사, 조동사)

8 Why do you <u>need</u> to have your own room? (본동사, 조동사)

9 She says that she <u>need</u> not change the course. (본동사, 조동사)

10 I did not <u>need</u> to have a medical check-up this year. (본동사, 조동사)

11 To pass the main gate, you <u>need</u> to bring your ID card. (본동사, 조동사)

12 <u>Need</u> I close my eyes? (본동사, 조동사)

13 She <u>need</u> not change her mind because of him. (본동사, 조동사)

14 Pardon me sir, <u>need</u> we submit the report by today? (본동사, 조동사)

15 If you don' want to, you don't <u>need</u> to answer every single question. (본동사, 조동사)

call off ~을 취소하다 land 착륙하다 frustrated 좌절감을 느끼는 medical check-up 건강검진 ID card 신분증
(Identification Card) submit 제출하다 every single 단 하나의 ~도

다음 주어진 동사를 이용하여 우리말을 영어로 바꿔 보자.

1 We ___don't have to repeat___ the same process. (repeat)
우리는 같은 과정을 반복할 필요가 없다.

2 _____ I _____ this medicine? (take)
내가 이 약을 먹어야할 필요가 있니?

3 Non-smoking _____ extended. (be)
금연은 확산되고 있음에 틀림없다.

4 _____ you _____ this before sending? (check)
보내기 전에 네가 이것을 확인할 필요가 있니?

5 They _____ that we were here. (know)
그들은 우리가 여기에 있었다는 것을 알아선 안된다.

6 I _____ his apology. (accept)
나는 그의 사과를 받아들여야만 했다.

7 _____ she _____ her passport? (bring)
그녀는 그녀의 여권을 가져올 필요가 있니?

8 She _____ travel without the permission from a doctor. (go)
그녀는 의사의 허락 없이 여행을 가선 안된다.

9 You _____ up your mind in a few days. (make)
너는 단시일 내에 너의 마음을 결정해야만 한다.

accept 받아들이다 apology 사과 permission 허락 make up one's mind 결심하다 in a few days 단시일에

다음 주어진 동사를 이용하여 우리말을 영어로 바꿔 보자.

1 Anybody _____ *must not go* _____ into that room. (go)
아무도 저 방에는 들어가서는 안된다.

2 You _____ the sauce over my dish. (pour)
내 음식 위에는 양념을 부을 필요가 없다.

3 He _____ fat because of the medicine. (be)
약 때문에 그는 살이 찐 것이 틀림없다.

4 She _____ water before leaving. (freeze)
그녀는 나가기 전에 물을 얼려야만 한다.

5 You _____ into tears like that. (burst)
너는 그렇게 갑자기 울음을 터트려서는 안된다.

6 We _____ on the test. (cheat)
우리는 시험에서 부정행위를 해서는 안된다.

7 _____ I _____ every single detail? (explain)
내가 세부사항을 일일이 다 설명해야만 하니?

8 People _____ him as a traitor. (condemn)
사람들은 그를 배신자라고 비난할 필요가 없다.

9 _____ she _____ him again? (call)
그녀가 그에게 다시 전화할 필요가 있니?

10 He _____ an engineer. He knows a lot about the machine. (be)
그는 기술자임에 틀림없다. 그는 기계에 대해 많은 것을 알고 있다.

---

pour 붓다 gain weight 살이 찌다 freeze 얼리다 burst into 갑자기 ~하다 condemn 비난하다 traitor 배신자

UNIT 3

should, ought to, had better, would rather

1 should, ought to

must 보다 약한 표현이다.

should	도덕적 의무, 충고	～해야 한다
ought to		

ex. You **should** go there. 너는 거기에 가야 한다.
= You **ought to** go there.

should, ought to의 부정

should not, ought not to 이며 우리말로는 '～하지 말아야 한다'로 해석한다.
ex. You **should not** go there. 너는 거기에 가지 말아야 한다.
= You **ought not to** go there.

2 had better, would rather, would rather A than B

had better + 동사원형	충고	～하는 게 낫다
would rather + 동사원형	대체	차라리 ～하겠다
would rather A than B	선택	B 하느니 차라리 A 하겠다

ex. You **had better** call James. 너는 James에게 전화하는 게 낫다.
I **would rather** take off my jacket. 차라리 나는 나의 쟈켓을 벗겠다.
I **would rather** walk **than** take a bus. 버스를 타느니 차라리 걷겠다.

Tip! had better는 주어에 따라 have(has)로 바꿔 쓰지 않는다.

had better의 부정

had better 의 부정은 had better not 이며 우리말로는 '～하지 않는 게 좋겠다'로 해석한다.
ex. You **had better not** go there. 너는 거기에 가지 않는 게 좋겠다.

would rather의 부정

would rather 의 부정은 would rather not 이며 우리말로는 '차라리 ～하지 않겠다'로 해석한다.
ex. I **would rather not** go there. 나는 차라리 거기에 가지 않겠다.

다음 문장을 우리말로 바꿔 보자.

1 We had better go outside.

→ 우리는 　밖으로 나가는게 낫다　.

2 She ought to persuade her mother by herself.

→ 그녀는 그녀 스스로 그녀의 어머니를 　　　　.

3 I would rather skip lunch today.

→ 나는 오늘 점심을 　　　　.

4 You had better study hard.

→ 너는 공부를 열심히 　　　　.

5 She would rather keep silent than lie to him.

→ 그녀는 그에게 　　　　.

6 You should cross the road at the crosswalk.

→ 너는 횡단보도에서 길을 　　　　.

7 He would rather wear black pants.

→ 그는 　　　　.

8 We should discuss it with all of the members.

→ 우리는 모든 회원들과 그것을 　　　　.

9 You ought to drink a cup of cold water.

→ 너는 차가운 물 한잔을 　　　　.

10 We would rather stay at home than go watching a movie.

→ 우리는 　　　　.

---

persuade 설득하다　**keep silent** 잠자코 있다　**crosswalk** 횡단보도

다음 중 주어진 단어와 함께 우리말에 알맞은 것을 보기에서 골라 문장을 완성해 보자.

| 보기 |

should   ought to   had better   would rather   would rather ~ than.....

1 They   *should / ought to have*   a check list. (have)

그들은 체크 리스트가 있어야 한다.

2 If I were you, I _____ the truth. (tell)

내가 만일 너라면, 나는 차라리 진실을 말하겠다.

3 We _____ the accommodation. (secure)

우리는 숙소를 확정해야 한다.

4 You _____ a raincoat. (take)

너는 비옷을 챙기는 게 낫다.

5 I guess that she _____ chicken curry _____ beef curry. (eat)

내 생각에는 그녀는 소고기카레를 먹느니 차라리 닭고기카레를 먹을 거야.

6 A teacher _____ how to discipline students. (know)

선생님은 학생들을 어떻게 훈육해야 하는지 알아야 한다.

7 For these reasons, I _____ the reservation. (cancel)

이러한 이유들 때문에, 나는 예약을 취소하는 게 낫다.

8 You _____ well in public. (behave)

사람들이 있는 데서는 예의 바르게 행동해야 한다.

checklist 체크리스트   secure 확정하다   accommodation 숙소   discipline 훈육하다   cancel 취소하다
behave 행동하다   in public 사람들이 있는데서

기본 TEST

정답 및 해설 p.18

다음 중 주어진 단어와 함께 우리말에 알맞은 것을 보기에서 골라 문장을 완성해 보자.

| 보기 |

should　　ought to　　had better　　would rather　　would rather ~ than.....

1 You ___had better buy___ a map in Korean. (buy)
너는 한국어로 된 지도를 사는 게 낫다.

2 He _____ for having been impolite. (apologize)
그는 무례했던 것에 대해 사과해야 한다.

3 We _____ in a car _____ hello to them. (be, say)
우리는 그들에게 인사를 하느니 차라리 차에 있겠다.

4 She _____ another guy. (find)
그녀는 다른 남자를 찾는 게 낫다.

5 She _____ at home because she looks too tired. (stay)
그녀는 너무 피곤해 보이니 차라리 집에 머무르는 게 낫다.

6 We _____ more employees. (hire)
우리는 직원을 더 고용해야 한다.

7 You _____ her a note. (leave)
너는 그녀에게 메모를 남기는 것이 낫다.

8 I _____ the public transportation _____ him to drive. (take, ask)
그에게 운전하라고 부탁하느니 차라리 대중교통을 이용하겠다.

---

public transportation 대중교통　　hire 고용하다　　employee 직원　　impolite 무례한

다음 문장을 부정문으로 바꾸고 우리말로 바꿔 보자.

1 I would rather go with him.

→ *I would rather not go with him* .

→ 나는 *차라리 그와 함께 가지 않겠다* .

2 She ought to watch the musical.

→ .

→ 그녀는 뮤지컬을 .

3 You should blame yourself.

→ .

→ 너는 너 스스로를 .

4 He had better avoid drinking green tea.

→ .

→ 그는 녹차를 마시는 것을 .

5 She had better have her hair cut.

→ .

→ 그녀는 머리를 .

6 In my opinion, she would rather see a pharmacist.

→ In my opinion, .

→ 내 의견으로는, 그녀는 .

7 He ought to put on earphones.

→ .

→ 그는 이어폰을 .

8 They would rather order a uniform.

→ .

→ 그들은 유니폼을 .

---

blame 비난하다 opinion 의견 pharmacist 약사 earphone 이어폰 order 주문하다

실력 TEST

정답 및 해설 p.18

다음 주어진 동사를 이용하여 우리말을 영어로 바꿔 보자.

1 I _would rather go jogging than_ go swimming. (go jogging)
나는 수영하느니 차라리 조깅을 하겠다.

2 He the room. (clean)
그는 방을 청소하지 않는 게 좋겠다.

3 We live like you. (die)
우리는 너처럼 사느니 차라리 죽는게 낫겠다.

4 I pills. (take)
나는 차라리 알약을 먹지 않겠다.

5 We the trash before throwing it away. (sort out)
우리는 쓰레기를 버리기 전에 분리해야만 한다.

6 You the deadline. (meet)
너는 마감기한을 맞추는 것이 낫다.

7 They in the debate. (participate)
그들은 토론에 참여하지 말아야 한다.

8 I my cellphone in his hands. (put)
나는 차라리 나의 휴대폰을 그에게 맡기겠다.

9 You your parents at least once a day. (call)
적어도 하루에 한번은 부모님께 전화해야 한다.

10 Frankly speaking, you at the headquarters. (work)
솔직히 말하면, 본사에서 일하지 않는 게 좋겠다.

---

pill 알약 **keep ~ing** ~한 채로 유지하다 **meet the deadline** 마감기한에 맞추다 **participate in** ~에 참여하다
debate 토론 **throw trash** 쓰레기를 버리다 **headquarters** 본사 **sort out** 구분하다/분리하다

UNIT 4

will/would, would like/would like to, 조동사 + have + P.P

1 will/would

will/would~?	부탁/권유	~해 줄래?/~해 주시겠습니까?

ex. **Will/Would** you give me a ride to the station? 나를 역까지 데려다 줄래/주시겠습니까?

2 would like + 명사/would like to + 동사원형

would like (+명사) = want		~을 원하다
would like to want to wish to	소망	~하고 싶다

ex. I **would like** a new bed. 나는 새 침대를 원한다.
I **would like to** buy a new bed. 나는 새 침대를 사고 싶다.

3 '조동사 + have + P.P'는 과거에 대한 추측, 후회, 유감 등을 나타낸다.

may/might have P.P	약한 추측	~했을지도 모른다
must have P.P	강한 추측	~했음에 틀림없다
cannot have P.P	강한 의심	~했을 리가 없다
should have P.P	후회/유감	~했어야만 했다
could have P.P	가능성	~할 수 있었다

ex. We **may have seen** each other before. 우리는 전에 서로 봤을지도 모른다.
She **must have cleaned** up. 그녀가 청소했음에 틀림없다.
He **cannot have lied** to me. 그가 나에게 거짓말 했을 리가 없다.
They **should have discussed** it with him. 그들은 그것을 그와 의논했어야만 했다.
I **could have done** homework. 나는 숙제를 할 수 있었다.

A 기초 TEST

정답 및 해설 p.19

다음 문장을 우리말로 바꿔 보자.

1 Will you marry me?

→ _나와 결혼해 줄래_ ?

2 She would like a violet mug.

→ 그녀는 .

3 I would like to be a pilot in the future.

→ 나는 미래에 .

4 Would you take a picture with me?

→ 나와 사진을 ?

5 He would like to wrap up the meeting.

→ 그는 회의를 .

다음 문장을 우리말로 바꿔 보자.

1 We should have informed him of the change in the plan.

→ 우리는 변경된 계획을 그에게 _알렸어야만 했다_ .

2 He cannot have betrayed his friends.

→ 그가 그의 친구들을 .

3 You must have broken this flowerpot.

→ 네가 이 화분을 .

4 My sister might have brought the key.

→ 내 여동생이 열쇠를 .

5 I could have passed the exam.

→ 나는 시험을 .

---

violet mug 보라색 머그잔   wrap up ~을 마무리 짓다   inform of ~을 알리다   betray 배신하다
flowerpot 화분

다음 중 알맞은 것을 골라 보자.

1 We (would like, (would like to)) agree with you.

2 I (will, would like) some pepper on my dish.

3 (Will, Would like to) you pronounce this word?

4 She (would, would like) a cute rabbit.

5 (Would, would like) you please hold this basket?

다음 중 우리말에 알맞은 것을 보기에서 골라 보자.

| 보기 |

will   would   would like   would like to

1 We _would like to_ surf after lunch.
우리는 점심식사 후에 서핑하고 싶다.

2 I _____ have a tutor.
나는 가정교사를 두고 싶다.

3 I _____ two straws, please.
나는 2개의 빨대를 원한다.

4 _____ you mop the floor?
마루를 걸레질해 줄래?

5 They _____ volunteer for children.
그들은 아이들을 위해 자원(봉사)하고 싶어한다.

pepper 후추 rabbit 토끼 basket 바구니 surf 파도타기를 하다 tutor 가정교사 straw 빨대 volunteer 자원(봉사)하다

다음 중 우리말에 알맞은 것을 골라 보자.

1 They (might, should) have not arrived yet. 그들은 아직 도착하지 않았을지도 모른다.

2 It (may, must) have snowed last night. 어젯밤에 눈이 왔을지도 모른다.

3 He (cannot, could) have been a dancer. 그가 댄서였을 리가 없다.

4 We (should, could) have delivered this document in time.
우리는 시간에 맞춰 이 서류를 배달할 수 있었다.

5 I (cannot, should) have called her when you reminded me of it.
네가 나에게 상기시켜 주었을 때, 그녀에게 전화했어야만 했다.

6 You (must, should) have finished your homework yesterday. 너는 어제 숙제를 끝냈어야만 했다.

7 They (may, must) have convinced him by now. 지금쯤이면 그들이 그를 설득했을지도 모른다.

8 She (cannot, could) have contributed a million won. 그녀가 백만 원을 기부했을 리가 없다.

9 You (may, must) have cancelled our tickets. 네가 우리의 표를 취소했음에 틀림없다.

10 My elder sister (must, could) have told me the truth. 내 언니는 나에게 진실을 말할 수 있었다.

11 He (cannot, could) have broadcasted that video. 그가 그 영상을 방송했을 리가 없다.

12 He (might, cannot) have believed your lies. 그는 너의 거짓말들을 믿었을지도 모른다.

13 You (must, should) have approved his decision. 너는 그의 결정을 승인했어야만 했다.

14 I (cannot, could) have allowed them to stay. 나는 그들을 머무르게 허락할 수 있었다.

15 She (may, must) have admired him. 그녀는 그를 존경했음에 틀림없다.

---

in time 시간에 맞춰   convince 설득하다   contribute 기부하다   million 백만   elder 나이가 더 많은
broadcast 방송하다   approve 승인하다

A 실력 TEST

다음 우리말을 영어로 바꿔 보자.

1 *Will you wash* the dishes?
설거지를 해줄래?

2 We you for your courage.
우리는 너의 용기에 대해 너를 칭찬하고 싶다.

3 a spare key for him?
그를 위해 여분의 열쇠를 준비해 주시겠습니까?

4 with me to the city hall?
나와 함께 시청에 가줄래?

5 If you don't mind, us alone?
괜찮으시다면, 우리 자리를 비켜주시겠습니까? (우리를 내버려 두시겠습니까?)

6 Well, maybe she a ring from you.
글쎄, 아마도 그녀는 너에게 반지를 원할 거야.

7 this case?
이 사건을 조사해 줄래?

8 I you to be quiet.
저는 당신에게 조용히 하라고 요청하고 싶습니다.

9 I am not sure of it but he just a cup of water.
확신할 수는 없지만 그는 그냥 물 한잔을 원할 거예요.

10 In Spain, I old cathedrals.
나는 스페인에서 오래된 성당들을 방문하고 싶다.

---

praise 칭찬하다   spare 여분의   leave…alone …를 내버려두다   survey 조사하다   case 사건   cathedral 성당

다음 주어진 단어를 이용하여 우리말을 영어로 바꿔 보자.

1 If you read it carefully, you *may/might have found* the solution. (find)
만일 네가 이것을 잘 읽었다면, 너는 해결책을 찾았을 지도 모른다.

2 They _____ . (divorce)
그들이 이혼했을 리가 없다.

3 You _____ him to stop talking. (signal)
너는 그에게 말하는 것을 멈추라고 신호를 보낼 수 있었다.

4 She _____ because of you. (cry)
그녀는 너 때문에 울었음에 틀림없다.

5 The girl _____ her drink on the floor. (spill)
저 소녀가 바닥에 그녀의 음료를 쏟았을지도 모른다.

6 His parents _____ him. He is so rude. (spoil)
그의 부모가 그를 망쳤음에 틀림없다. 그는 너무 무례하다.

7 I _____ sorry before he left. (say)
그가 떠나기 전에 나는 미안하다고 말했어야만 했다.

8 She _____ her business. (expand)
그녀는 그녀의 사업을 확장할 수 있었다.

9 They _____ our appointment to meet here. (forget)
그들이 여기서 만나기로 한 우리의 약속을 잊었을 리가 없다.

10 He _____ the seats next to windows. (occupy)
그는 창문 옆 자리들을 차지했어야만 했다.

---

solution 해결책 **signal** 신호를 보내다 **spill** 쏟다 **spoil** 망치다 **expand** 확장하다 **occupy** 차지하다

C 실력 TEST

다음 주어진 단어를 이용하여 우리말을 영어로 바꿔 보자.

1 The man *may(might) have been* alive. (be)
그 남자는 살아있을지도 모른다.

2 He _____ the same mistake. (make)
그는 같은 실수했을지도 모른다.

3 She _____ anything at that time. (choose)
그녀는 그 때 어느 것이든 선택할 수 있었다.

4 You _____ more considerate. (be)
너는 좀 더 신중했어야 했다.

5 Joan _____ perfume. (spray)
Joan은 향수를 뿌렸음에 틀림없다.

6 I _____ after meal. (brush)
나는 식후에 양치질을 했어야만 했다.

7 You _____ me about the event. (tell)
너는 그 행사에 대해 나에게 말해줄 수 있었잖아.

8 My brother _____ my notebook. (tear)
나의 동생이 나의 공책을 찢었음에 틀림없다.

9 He _____ my cell phone number. (remember)
그가 나의 휴대폰 번호를 기억했을 리가 없다.

10 Jenny _____ England. (leave)
Jenny는 영국을 떠났을 지도 모른다.

[01–02] 다음 밑줄 친 부분과 쓰임이 같은 것을 고르시오.

01

Can you speak Chinese?

① Can you turn on the radio?
② Can I open the door?
③ Can you wait here for a minute?
④ Can you swim?
⑤ Can I stay at home?

02

He may be able to play the cello.

① May you be happy forever!
② You may still like her.
③ You may go now if you want to.
④ She may well be angry.
⑤ We may as well leave now.

03 두 문장이 같은 뜻이 되도록 빈칸에 들어갈 가장 유사한 말을 고르시오.

She must be honest in front of her family. = She _____ be honest in front of her family.

① may
② should
③ has to
④ ought to
⑤ can

04 다음 우리말에 맞게 과거에 대한 후회를 나타내도록 조동사를 이용하여 주어진 동사를 알맞게 빈칸에 넣으시오.

You (tell) _____ her all the facts. She completely misunderstands your situation. 너는 그녀에게 모든 사실들을 말했어야만 했다. 그녀는 너의 상황을 완전히 오해하고 있다.

misunderstand 오해하다

→ _____

[05–07] 다음 대화를 읽고 물음에 답하시오.

> *Jim* : Was there any homework?
>
> *Mike* : Of course. Exercises from chapters 3 to 4 must be submitted by today.
>
> *Jim* : I can't believe it. How long does it take?
>
> *Mike* : It took two hours for me.
>
> *Jim* : I completely forgot it. ⓐ_____ you help me?
>
> *Mike* : How?
>
> *Jim* : Um...' I ⓑ_____ like to copy yours.
>
> *Mike* : No way! That is not fair. You ⓒ_____ do it by yourself.

submit 제출하다   fair 공정한

05 다음 중 ⓐ와 ⓑ에 차례대로 들어갈 수 있는 조동사를 고르시오.

① will - may
② can - would
③ have - can
④ may - should
⑤ should - would

06 다음 우리말을 참고하여 ⓒ에 들어갈 수 있는 조동사 2개를 쓰시오.

> 너는 너 스스로 그것을 해야만 해.

→ _____

07 대화문을 통해서 알 수 있는 사실이 <u>아닌</u> 것을 고르시오.

① Mike는 숙제를 했다.
② Jim은 숙제를 하지 않았다.
③ Jim은 Mike에게 부탁을 한다.
④ Mike는 Jim의 부탁을 들어줄 것이다.
⑤ Jim은 숙제를 잊어버렸다.

08 다음 문장을 우리말로 바르게 옮긴 것은?

> She may have refused their proposal.

proposal 제안

① 그녀는 그들의 제안을 거절했음에 틀림없다.
② 그녀는 그들의 제안을 거절 할 수 있었다.
③ 그녀는 그들의 제안을 거절했어야만 했다.
④ 그녀는 그들의 제안을 거절 했을 리가 없다.
⑤ 그녀는 그들의 제안을 거절 했을지도 모른다.

09 다음 중 need가 조동사로 쓰인 문장을 고르시오.

① Need you repair your bike?
② I do not need to borrow a book.
③ She needs to return.
④ He needs my permission.
⑤ Does she need to see a doctor?

10 다음 중 need가 본동사로 쓰인 문장을 고르시오.

① We need not go right now.
② Do you need to book a table?
③ Need she buy a new computer?
④ They need not lock the door.
⑤ Need he go to the library?

book a table (식당에) 자리를 예약하다.

11 다음 중 어법상 <u>틀린</u> 것을 고르시오.

① I would like stay here.
② She had better not eat.
③ He ought to buy some bread.
④ We must arrive before 7 pm.
⑤ You would rather call him.

12 위 문제에서 <u>틀린</u> 문장을 바르게 고치시오.

→ _____

_____

13 다음 우리말을 영어로 바르게 옮긴 것을 고르시오.

당신은 여기서 담배를 피우면 안됩니다.

① You don't need to smoke here.
② You had better not smoke here.
③ You should not to smoke here.
④ You must not smoke here.
⑤ You don't smoke here.

14 다음 주어진 단어를 우리말에 맞도록 배열하시오.

그의 여동생이 그가 가장 아끼는 모자를 숨겼음에 틀림 없다.

(His, his, hidden, have, sister, cap, younger, must, favorite)

→ _____

_____

_____

15 다음 두 문장에서 not이 들어갈 위치를 순서대로 알 맞게 짝지은 것을 고르시오.

– I ⓐ would ⓑ rather ⓒ drink
　ⓓ any beverage ⓔ.
– You ⓐ ought ⓑ to ⓒ finish
　ⓓ cleaning ⓔ your room.

① ⓐ – ⓑ
② ⓑ – ⓒ
③ ⓒ – ⓑ
④ ⓓ – ⓐ
⑤ ⓔ – ⓔ

16 다음 두 문장을 would를 사용하여 같은 뜻이 되도록 다시 쓰시오.

> – We want a real puppy.
> – We really wish to raise a puppy.

→ _____

_____

→ _____

_____

17 다음 중 어법상 어색한 부분을 골라 고친 내용이 알맞은 것을 고르시오.

> If you don't ⓐ mind, I ⓑ would rather ⓒ read a book ⓓ than ⓔ watching that video with you.

① ⓐ – to mind
② ⓑ – would like
③ ⓒ – to read
④ ⓓ – and
⑤ ⓔ – watch

18 다음 문장을 부정문으로 만들때 밑줄친 곳을 바꾸어 쓰시오.

> We had better go buy vegetable.

→ _____

[19–20] 다음 글을 읽고 물음에 답하시오.

> I ⓐ hope to become a children's book writer. I have loved reading books. 그것은 내가 아기일 때 시작되었음에 틀림없다. My parents read a book to me so as to make me sleep well. Listening to the stories, I really enjoyed imagining what would happen next. In my dreams, I could have an adventure with them. They were my friends. I was not lonely at all. I ⓑ wish to give these wonderful experiences to children.

19 밑줄 친 ⓐ와 ⓑ에 공통적으로 들어갈 수 있는 것을 고르시오.

① would
② would like
③ would like to
④ would rather
⑤ had better

20 밑줄 친 우리말에 맞도록 빈칸에 알맞은 말을 넣어 영작하시오.

> It _____ when I was baby.

→ _____

01 다음 중 연결된 조동사와 그 의미가 올바르게 연결된 것을 고르시오.

① can – 기원
② may – 능력
③ must – 강한 추측
④ would not – 부정적 추측
⑤ had better – 의무

02 다음 중 밑줄 친 had의 의미가 <u>다른</u> 하나는?

① I <u>had</u> a bag of candies.
② He <u>had</u> a girlfriend before.
③ She <u>had</u> some cookies.
④ You <u>had</u> better eat biscuits.
⑤ We <u>had</u> a big car.

03 다음 우리말과 뜻이 통하도록 조동사를 사용하여 괄호 안의 동사를 알맞게 쓰시오.

> 그녀가 우리에게 거짓말을 했을 리가 없다.
> She (lie) _____ to us.

→ _____

04 다음 문장을 우리말에 알맞게 <u>부정문</u>으로 바꾸어 보시오.

> You must fill out this application form to join the club.
> 이 클럽에 가입하기 위해서는 이 지원서를 작성해야 한다.

→ _____
_____
_____

이 클럽에 가입하기 위해서 이 지원서를 작성할 필요는 없다.

05 다음 중 문법상 <u>어색한</u> 문장은?

① You might have forgetting it.
② She had better get a refund.
③ We should not drink coffee.
④ He need not send me an email.
⑤ I would like just an orange.

[06-07] 다음 글을 읽고 답하시오.

During the vacation, I went to Vietnam with my family. The temperature was too high. And it was rainy all day. ⓐ We regretted not to plan more indoor activities. ⓑ I suggested changing our plan. They agreed with me. After we discussed it, we visited some historical museums with a tour guide. That was great experience and we could learn many things about Vietnam.

regret 후회하다   indoor activity 실내 활동

06 밑줄 친 ⓐ 문장처럼 후회한 내용을 직접 말했다고 가정할 때, 빈칸에 들어갈 수 있는 조동사를 쓰시오.

"We _____ planned more indoor activities."
우리는 실내 활동을 더 계획했어야만 했다.

→ _____

07 밑줄 친 ⓑ 문장처럼 제안한 내용을 직접 말했다고 가정할 때, 빈칸에 들어갈 수 있는 조동사를 쓰시오.

"We _____ change our plan"
우리는 계획을 바꾸는 것이 낫겠다.

→ _____

08 다음 주어진 단어를 우리말에 맞도록 배열하시오.

잠시 나를 방해하는 것을 멈추어 주시겠습니까?
(disturbing, Could, stop, a, second, for, me, you, ?)

disturb 방해하다 for a second 잠시

→ _____

_____

09 다음 중 may의 쓰임이 잘못 연결 된 것은?

① May you live happier than now! – 기원
② She may be a model. – 가능성
③ You may drive. – 허가
④ He may be angry. – 약한 추측
⑤ You may be invited. – 허가

10 다음 중 문법상 틀린 부분을 고르고 알맞게 고치시오.

ⓐNeed he ⓑto bring a student card ⓒin order ⓓto ⓔget a discount?

get a discount 할인을 받다

_____

→ _____

[11–13] 다음 대화를 읽고 물음에 답하시오.

> *Sue* : Did you see my wallet? I could not find it.
> *Julia* : I haven't seen that. Where did you put your wallet?
> *Sue* : Well... I paid for this Coke on the way to school and put it in my bag. It <u>must</u> be in my bag!
> *Julia* : It ___ⓐ___ be stolen, I guess. ___ⓑ___ I take a look in your bag?
> *Sue* : Sure. <u>But you cannot find it</u>. It is not in there.
> *Julia* : Look. There is a hall. The wallet ___ⓒ___ have fallen out of your bag. You should go back to find it.
> *Sue* : Will you come with me?

11 ⓐ~ⓒ에 공통적으로 들어갈 수 있는 단어를 고르시오.

① must
② may
③ would
④ should
⑤ could

12 위에 밑줄 친 must와 쓰임이 같은 것을 고르시오.

① She must be Miss. Lee.
② We must obey orders.
③ You must be on time.
④ He must pay for that.
⑤ I must go home now.

13 밑줄 친 문장을 문맥에 맞게 올바르게 해석한 것을 고르시오.

① 그러나 네가 그것을 찾지 못했어.
② 그러나 네가 그것을 찾을 수는 없어.
③ 그러나 네가 그것을 찾았을 리가 없어.
④ 그러나 네가 그것을 찾을 거야.
⑤ 그러나 네가 그것을 찾아야만 해.

[14–15] 다음 두 문장에서 빈칸에 공통으로 들어갈 수 있는 조동사를 고르시오.

14

> - You _____ well be proud of your son.
> - If you can't stay here, you _____ go back.

① may   ② might
③ can   ④ could
⑤ will

15

> - He _____ be a teacher. He is not good at teaching.
> - They _____ have betrayed me. We are true friends.

① can   ② cannot
③ could   ④ will
⑤ would

16 다음 우리말과 뜻이 통하도록 주어진 동사를 조동사를 사용하여 알맞게 쓰시오.

> He (meet) _____ you when you were waiting for me.
> 네가 나를 기다리고 있었을 때, 그는 너를 만날 수 있었다.

→ _____

17 다음 밑줄 친 부분과 쓰임이 동일한 조동사가 사용된 문장을 고르시오.

> She __must__ switch off the electronics before leaving.

① He must be Mr. Brewster.
② We need a new TV.
③ She has to sell the house.
④ They had better cancel the meeting.
⑤ I would rather go home.

[18–19] 주어진 두 문장의 뜻이 통하도록 빈칸에 알맞은 조동사를 쓰시오.

18

> She is able to swim faster than you.
> = She _____ swim faster than you.

→ _____

19

> I know that you want to go to bed.
> = I know that you _____ go to bed.

→ _____

20 다음 우리말을 참고하여 어법상 어색한 부분을 고르시오.

> You ⓐ __must have__ ⓑ __call__ her, even ⓒ __though__ I ⓓ __asked__ you not ⓔ __to.__
> 내가 너에게 하지 말라고 했음에도 불구하고 너는 그녀에게 전화했음에 틀림없다.

① ⓐ　　　　② ⓑ
③ ⓒ　　　　④ ⓓ
⑤ ⓔ

Chapter 6

수동태

수동태란?

1 현재/과거/미래의 수동태

현재	am/are/is + 과거분사(p.p)	~되어지다
과거	was/were + 과거분사(p.p)	~되어졌다
미래	will be + 과거분사(p.p)	~되어 질 것이다

ex. 〈현재〉 My dad fixes the car.
  → The car **is fixed** by my dad. 그 차는 나의 아빠에 의해 고쳐진다.

ex. 〈과거〉 My dad fixed a car.
  → The car **was fixed** by my dad. 그 차는 나의 아빠에 의해 고쳐졌다.

ex. 〈미래〉 My dad will fix the car.
  → The car **will be fixed** by my dad. 그 차는 나의 아빠에 의해 고쳐질 것이다.

2 조동사/진행형/현재완료의 수동태

조동사 수동태	조동사 + be + p.p	~되어져 + (조동사의 뜻)
진행형 수동태	be동사 + being + p.p	~되어지는 중이다
현재완료 수동태	have(has) + been + p.p	~되어졌다

ex. 〈조동사〉 She must send the letter.
  → The letter **must be sent** by her. 편지는 그녀에 의해 보내져야만 한다.

ex. 〈진행형〉 My friends are playing the music.
  → The music **is being played** by my friends. 음악이 나의 친구들에 의해서 연주되어지고 있다.

ex. 〈현재완료〉 Tom has finished this project.
  → This project **has been finished** by Tom. 이 프로젝트는 Tom에 의해서 끝마쳐졌다.

3 4형식/5형식 문장의 수동태

◆ 4형식 문장의 수동태

ⓐ 간접목적어를 주어로 하는 경우

간접목적어를 주어로 만든 다음, 직접목적어는 그대로 두고, 수동태로 만든다.

ex. He gave **me** a pen.

→ **I** was given a pen by him. 나는 그에 의해서 펜이 주어졌다.

ⓑ 직접목적어를 주어로 하는 경우

직접목적어를 주어로 만든 다음, 간접목적어는 그대로 두고, 수동태로 만들면 된다.

이 때 간접 목적어 앞에 전치사를 붙여줘야 한다.

ex. He gave me **a pen**.

→ **A pen** was given to me by him. 펜이 그에 의해서 나에게 주어졌다.

〈동사에 따른 간접 목적어 앞에 전치사〉

to를 사용하는 동사	give show teach tell send pass read write
for를 사용하는 동사	make, buy
of를 사용하는 동사	ask

◆ 5형식 문장의 수동태

ⓐ 5형식 문장은 목적어와 보어 중 '목적어'만 수동태의 주어로 하여 수동태를 만들 수 있다.

보어는 그대로 두고 목적어를 수동태의 주어로 하여 만들면 된다.

ex. She called **him** Brian.

→ He was called Brian by her. 그는 그녀에 의해서 Brian이라고 불리어졌다.

ⓑ 원형 부정사의 수동태

• 지각 동사의 목적보어로 쓰인 원형 부정사는 **to** 부정사로 바꾸어 준다.

ex. I saw him go out. 나는 그가 외출하는 것을 보았다.

→ He was seen **to go** out by me.

• 사역동사(make, help)의 목적보어로 쓰인 원형부정사도 **to** 부정사로 바꿔준다.

ex. She made him paint his room. 그녀는 그가 그의 방을 칠하도록 시켰다.

→ He was made **to paint** his room by her.

단, 사역동사 **have**는 수동태로 만들 수 없다.

UNIT 1

수동태의 부정문과 의문문

1 현재형 수동태

긍정문	주어 + be동사(현재형) + P.P∼
부정문	주어 + be동사(현재형) + not + P.P∼
의문문	Be동사(현재형) + 주어 + P.P∼?
–대답	– Yes, 주어 + be동사 / No, 주어 + be동사 not.

ex. 〈긍정문〉 The bike **is fixed** by uncle.　　　그 자전거는 삼촌에 의해 수리되어진다.
　　　〈부정문〉 The bike **is not fixed** by uncle.　　그 자전거는 삼촌에 의해 수리되어지지 않는다.
　　　〈의문문〉 **Is** the bike **fixed** by uncle?　　　그 자전거는 삼촌에 의해 수리되어지니?
　　　　　– Yes, it **is**. 네. 그렇습니다.　　 / No, it **is not**. 아니요, 그렇지 않습니다.

2 과거형 수동태

긍정문	주어 + be동사(과거형) + P.P∼
부정문	주어 + be동사(과거형) + not + P.P∼
의문문	Be동사(과거형) + 주어 + P.P∼?
–대답	– Yes, 주어 + be동사 / No, 주어 + be동사 not.

ex. 〈긍정문〉 The bike **was fixed** by uncle.　　　그 자전거는 삼촌에 의해 수리되어졌다.
　　　〈부정문〉 The bike **was not fixed** by uncle.　　그 자전거는 삼촌에 의해 수리되어지지 않았다.
　　　〈의문문〉 **Was** the bike **fixed** by uncle?　　　그 자전거는 삼촌에 의해 수리되어졌니?
　　　　　– Yes, it **was**. 네. 그렇습니다. / No, it **was not**. 아니요, 그렇지 않습니다.

3 미래형 수동태

긍정문	주어 + will be + P.P∼
부정문	주어 + will not be + P.P∼
의문문	Will + 주어 + be + P.P∼?
–대답	– Yes, 주어 + will. / No, 주어 + will + not.

ex. 〈긍정문〉 The bike **will be fixed** by uncle.　　　그 자전거는 삼촌에 의해 수리되어질 것이다.
　　　〈부정문〉 The bike **will not be fixed** by uncle.　그 자전거는 삼촌에 의해 수리되어지지 않을 것이다.
　　　〈의문문〉 **Will** the bike **be fixed** by uncle?　　그 자전거는 삼촌에 의해 수리되어질 것이니?
　　　　　– Yes, it **will**. 네. 그렇습니다. / No, it **will not**. 아니요, 그렇지 않습니다.

4 조동사 수동태

긍정문	주어 + 조동사 + be + P.P~
부정문	주어 + 조동사 + not be + P.P~
의문문	조동사 + 주어 + be + P.P~?
—대답	– Yes, 주어 + 조동사 / No, 주어 + 조동사 + not.

ex. 〈긍정문〉 The bike **can be fixed** by uncle. 그 자전거는 삼촌에 의해 수리되어질 수 있다.
　　〈부정문〉 The bike **can not be fixed** by uncle. 그 자전거는 삼촌에 의해 수리되어질 수 없다.
　　〈의문문〉 **Can** the bike **be fixed** by uncle? 그 자전거는 삼촌에 의해 수리되어질 수 있니?
　　　　　　 – **Yes, it can**. 네. 그렇습니다. / **No, it can not**. 아니요. 그렇지 않습니다.

5 진행형 수동태

긍정문	주어 + be동사 + being + P.P~
부정문	주어 + be동사 + not being + P.P~
의문문	Be동사 + 주어 + being + P.P~?
—대답	– Yes, 주어 + be동사 / No, 주어 + be동사 + not.

ex. 〈긍정문〉 The bike **is being fixed** by uncle. 그 자전거는 삼촌에 의해 수리되어지고 있는 중이다.
　　〈부정문〉 The bike **is not being fixed** by uncle. 그 자전거는 삼촌에 의해 수리되어지고 있는 중이 아니다.
　　〈의문문〉 **Is** the bike **being fixed** by uncle? 그 자전거는 삼촌에 의해 수리되어지고 있는 중이니?
　　　　　　 – **Yes, it is**. 네. 그렇습니다. / **No, it is not**. 아니요. 그렇지 않습니다.

6 완료형 수동태

긍정문	주어 + have (has) been + P.P~
부정문	주어 + have (has) not been + P.P~
의문문	Have (has) + 주어 + been + P.P~?
—대답	– Yes, 주어 + have (has). / No,주어 + have (has) + not.

* 주어의 인칭과 시제에 따라 has 또는 had가 올 수 있다.

ex. 〈긍정문〉 The bike **has been fixed** by uncle. 그 자전거는 삼촌에 의해 수리되어져 오고있다.
　　〈부정문〉 The bike **has not been fixed** by uncle. 그 자전거는 삼촌에 의해 수리되어져 오고있지 않다.
　　〈의문문〉 **Has** the bike **been fixed** by uncle? 그 자전거는 삼촌에 의해 수리되어져 오고있니?
　　　　　　 – **Yes, it has**. 네. 그렇습니다. / **No, it has not**. 아니요. 그렇지 않습니다.

A 기초 TEST

다음 주어진 문장의 시제를 고르고 우리말에 알맞은 것들을 골라 보자.

1 She (was not, will not be) invited by Peter.
그녀는 Peter에 의해 초대 되어지지 않았다.
(현재, 과거, 미래) 수동태

2 (Will he be, Will be he) accepted by Seoul National University?
그는 서울대에 의해 받아들여질 것이니?
(현재, 과거, 미래) 수동태

3 The wall clock (was, is) repaired by dad.
그 벽시계는 아빠에 의해 수리되어진다.
(현재, 과거, 미래) 수동태

4 (Are, Will) the patients (X, be) treated by Dr. Kim?
그 환자들은 Dr. Kim에 의해 치료 되어질 것이니?
(현재, 과거, 미래) 수동태

5 This report (won't be, wasn't) written by her.
이 보고서는 그녀에 의해 써지지 않았다.
(현재, 과거, 미래) 수동태

6 (Will, Was) my battery (X, be) charged by Jane?
나의 배터리는 Jane에 의해 충전되어졌니?
(현재, 과거, 미래) 수동태

7 (Are, Were) the twins (X, be) loved by the whole family?
그 쌍둥이들은 모든 가족에 의해 사랑받니?
(현재, 과거, 미래) 수동태

8 The flower pot (will been, will be) left outside by mom.
그 화분은 엄마에 의해 밖에 남겨질 것이다.
(현재, 과거, 미래) 수동태

9 (Is, Was) English (be, X) spoken in many countries?
영어는 많은 나라에서 말하여(사용되어)지니?
(현재, 과거, 미래) 수동태

10 The tree (was not be, was not) cut down by Jack.
그 나무는 Jack에 의해 잘려지지 않았다.
(현재, 과거, 미래) 수동태

---

accept 받아들이다 patient 환자 treat 치료하다 battery 배터리 charge 충전하다 left outside 밖에 남겨진
cut down 자르다/베다

다음 우리말에 알맞은 것들을 ( ) 안에서 골라 보자.

1 (Has, Is) Jane (been, being) punished by homeroom teacher?　　(조동사, 진행, 완료) 수동태
Jane은 담임선생님에 의해 벌을 받고 있는 중이니?

2 Teenagers (has not be, have not been) targeted for this campaign before.　(조동사, 진행, 완료) 수동태
10대들은 전에 이 캠페인의 타겟이 된적이 있다.

3 My dream (may be, may been) come true soon.　　(조동사, 진행, 완료) 수동태
나의 꿈이 곧 이루어질지도 모른다.

4 The dogs (have not being, have not been) taken care for a long time.　(조동사, 진행, 완료) 수동태
그 개들은 오랫동안(계속) 돌보아지지 않고 있다.

5 (Must, Has) the security system (be, been) controlled by soldiers?　(조동사, 진행, 완료) 수동태
그 보안시스템은 군인들에 의해 통제되어져야만 하니?

6 This product (has not been, has been not) advertised on TV yet.　(조동사, 진행, 완료) 수동태
이 제품은 아직 TV에 광고되어지지 않고 있다.

7 The rumor about you (is not been, is not being) spread now.　(조동사, 진행, 완료) 수동태
너의 관한 그 소문은 지금 퍼지고 있는 중이 아니다.

8 (Are, Have) they (being, be) welcomed by the host?　(조동사, 진행, 완료) 수동태
그들은 주인에 의해 환영받고 있는 중이니?

9 (Has, Will) the bridge (be, been) built yet?　(조동사, 진행, 완료) 수동태
그 다리가 벌써 다 지어졌니?

10 His suggestion (cannot be, cannot been) refused by the committee.　(조동사, 진행, 완료) 수동태
그의 제안은 그 위원회에 의해 거절되어질 리가 없다.

---

punish 처벌하다　come ture 이루어지다　security system 보안 시스템　advertise 광고하다　committee 위원회

A 기본 TEST

다음에서 알맞은 시제를 (   ) 안에서 고르고 지시대로 바꾸어 써 보자.

1 The door will be painted by uncle. (의문문)

→ *Will* the door *be painted* by uncle?　　(현재, 과거, ㉧래) 수동태

2 He was blamed by his classmate. (부정문)

→ He _____ by his classmate.　　(현재, 과거, 미래) 수동태

3 Grapes are grown by the farmers. (의문문)

→ _____ grapes _____ by the farmers?　　(현재, 과거, 미래) 수동태

4 Her family will be killed by Mafia. (부정문)

→ Her family _____ by Mafia.　　(현재, 과거, 미래) 수동태

5 A fingerprint will be considered an important evidence. (의문문)

→ _____ a fingerprint _____ an important evidence?　(현재, 과거, 미래) 수동태

6 The exhibition was held in Beijing. (부정문)

→ The exhibition _____ in Beijing.　　(현재, 과거, 미래) 수동태

7 She is called Liz by her friends. (의문문)

→ _____ she _____ Liz by her friends?　　(현재, 과거, 미래) 수동태

8 This picture will be hung on the wall. (부정문)

→ This picture _____ on the wall.　　(현재, 과거, 미래) 수동태

9 A tiger was shot by the hunters. (의문문)

→ _____ a tiger _____ by the hunters?　　(현재, 과거, 미래) 수동태

10 The sports cars are purchased the by the old men. (부정문)

→ The sports cars _____ by the old men.　　(현재, 과거, 미래) 수동태

---

blame 비난하다　Mafia 마피아(비밀범죄집단)　fingerprint 지문　evidence 증거　Beijing 북경(베이징)
shoot 쏘다　purchase 구매하다

B 기본 TEST

정답 및 해설 p.21

다음에서 알맞은 것을 ( ) 안에서 **고르고** 지시대로 바꾸어 써 보자.

1 Her parcel can be delivered during the holidays. (부정문)

→ Her parcel *can not be delivered* during the holidays.   (조동사, 진행, 완료) 수동태

2 The red piano has been played by Kate. (부정문)

→ The red piano   by Kate.   (조동사, 진행, 완료) 수동태

3 The mountain can be conquered by Karl and Paul. (의문문)

→   the mountain   by Karl and Paul?   (조동사, 진행, 완료) 수동태

4 The building is being destroyed for safety reason. (의문문)

→   the building   for safety reason?   (조동사, 진행, 완료) 수동태

5 Jimmy may be arrested by CIA. (부정문)

→ Jimmy   by CIA.   (조동사, 진행, 완료) 수동태

6 Korea has been developed very fast. (의문문)

→   Korea   very fast?   (조동사, 진행, 완료) 수동태

7 The ceremony is being planned by his team members. (부정문)

→ The ceremony   by his team members.   (조동사, 진행, 완료) 수동태

8 The wild pig has been chased by the hunting dogs. (의문문)

→   the wild pig   by the hunting dogs?   (조동사, 진행, 완료) 수동태

9 A house is being decorated for X-mas by the family. (의문문)

→   a house   for X-mas by the family?   (조동사, 진행, 완료) 수동태

10 The chairs have been moved to the meeting room. (부정문)

→ The chairs   to the meeting room.   (조동사, 진행, 완료) 수동태

---

parcel 소포 **destroy** 파괴하다 **arrest** 체포하다 **CIA** 미국중앙정보부(Central Intelligence Agency)

wild pig 맷돼지 **chase** 추적하다 **haunting dog** 사냥개

A 실력 TEST

다음 주어진 문장을 괄호 안의 시제로 바꿔 보고 지시대로 만들어 보자.

1 A cup of water is being warmed up. (현재수동태)

→ A cup of water ⎯⎯ *is warmed up* ⎯⎯.

→ (의문문) *Is a cup of water warmed up* ?

→ (부정문) A cup of water ⎯⎯ *is not warmed up* ⎯⎯.

2 My thumb is hurt by the door. (완료수동태)

→ My thumb ⎯⎯⎯⎯⎯⎯⎯ by the door.

→ (부정문) My thumb ⎯⎯⎯⎯⎯⎯⎯ by the door.

→ (의문문) ⎯⎯⎯⎯⎯⎯⎯ by the door?

3 She is chased by the police. (진행수동태)

→ She ⎯⎯⎯⎯⎯⎯⎯ by the police.

→ (의문문) ⎯⎯⎯⎯⎯⎯⎯ by the police?

→ (부정문) She ⎯⎯⎯⎯⎯⎯⎯ by the police.

4 He is found at the corner. (can수동태)

→ He ⎯⎯⎯⎯⎯⎯⎯ at the corner.

→ (부정문) He ⎯⎯⎯⎯⎯⎯⎯ at the corner.

→ (의문문) ⎯⎯⎯⎯⎯⎯⎯ at the corner?

5 You are tempted by chocolates. (완료수동태)

→ You ⎯⎯⎯⎯⎯⎯⎯ by chocolates.

→ (부정문) You ⎯⎯⎯⎯⎯⎯⎯ by chocolates.

→ (의문문) ⎯⎯⎯⎯⎯⎯⎯ by chocolates?

---

thumb 엄지손가락　**tempt** 유혹하다

다음 물음에 알맞은 대답을 써 보자.

1 Has she been suspected of the crime?

→ Yes, _she has_ .

2 Are they being surrounded by the people?

→ No, .

3 Has the sale of this drug been prohibited?

→ Yes, .

4 Should the kitchen be cleaned up?

→ No, .

5 Was this table messed up by you?

→ Yes, .

6 Has that country been invaded a lot?

→ No, .

7 Is he being instructed well?

→ Yes, .

8 Will he be fired soon?

→ No, .

9 Can this jewelry be guaranteed officially?

→ Yes, .

10 Had your paper boat been floated?

→ No, .

---

suspect 의심하다/용의자   **prohibit** 금지하다   **invade** 침략하다   **instruct** 가르치다   **guarantee** 보증하다
float 뜨다

UNIT 2 동사구의 수동태, by 이외의 전치사를 사용하는 수동태

1 동사구의 수동태

동사구를 하나의 동사로 취급하여 동사만 'be동사 + P.P'로 바꾸어 주고 동사구에 있는 부사나 전치사 등은 그대로 써 주면 된다.

attend to	~에 주의하다	listen to	~에 귀를 기울이다
carry out	~을 실행하다	make use of	~을 이용하다
catch up with	~을 따라잡다	depend on	~에게 의지하다
give up	~을 포기하다	put off	~을 연기하다
laugh at	~을 비웃다	put on	~을 입다
look after	~을 돌보다	run over	(차가)~을 치다
look into	~을 조사하다	take care of	~을 돌보다
look down on	~을 얕잡아 보다	turn on	~을 켜다
look up to	~을 존경하다	turn off	~을 끄다

ex. **General Yi Sun-sin is looked up to.** 이순신 장군은 존경받는다.

2 by 이외의 전치사를 쓰는 수동태

be known as	~로서 알려지다	be ashamed of	~을 부끄러워하다
be known for	~으로(때문에) 유명하다	be composed of	~로 구성되다
be known by	~로 알 수 있다	be convinced of	~을 확신하다
be known to	~에게 알려지다	be bored with	~에 싫증나다
be expected to	~가 기대되다	be shocked by	~로 충격 받다
be engaged in	~에 종사하다	be concerned with	~와 관계가 있다
be astonished at	~에 놀라다	be concerned about	~을 걱정하다
be thrilled at	~에 전율을 느끼다	be delighted with	~를 기뻐하다

ex. **I am ashamed of my past.** 나는 나의 과거를 부끄러워한다.

다음 보기에서 우리말에 알맞은 것을 골라 써 넣어 보자.

| 보기 |

listen to	make use of	turn off
put on	carry out	attend to
turn on	give up	look down on
run over	put off	depend on
look after	catch up with	laugh at
look up to	look into	take care of

1 ~에 귀를 기울이다 *listen to*

2 ~을 이용하다

3 ~에게 의지하다

4 ~을 연기하다

5 ~을 돌보다

6 ~을 끄다

7 ~을 존경하다

8 ~을 돌보다

9 ~을 비웃다

10 ~을 얕잡아 보다

11 ~을 조사하다

12 ~에 주의하다

13 ~을 포기하다

14 ~을 켜다

15 ~을 실행하다

16 ~을 따라잡다

17 (차가) ~을 치다

18 ~을 입다

다음 보기에서 우리말에 알맞은 것을 골라 써 넣어 보자.

| 보기 |

be shocked by	be known by	be engaged in
be composed of	be known to	be thrilled at
be delighted with	be known as	be concerned with
be astonished at	be convinced of	be ashamed of
be concerned about	be known for	be bored with
		be expected to

1 ~을 부끄러워하다   *be ashamed of*

2 ~와 관계가 있다

3 ~으로(때문에) 유명하다

4 ~에 싫증나다

5 ~로서 알려지다

6 ~에 전율을 느끼다

7 ~를 기뻐하다

8 ~에 놀라다

9 ~을 확신하다

10 ~가 기대되다

11 ~을 걱정하다

12 ~에 종사하다

13 ~로 알 수 있다

14 ~에게 알려지다

15 ~로 구성되다

16 ~로 충격 받다

다음 주어진 문장을 수동태로 바꿔 보자.

1 I will catch up with you in 5 minutes.

→ *You will be caught up with in 5 minutes by me* .

2 She has looked into this mysterious case.

→ .

3 We are laughing at him because of his funny act.

→ because of his funny act.

4 They are attending to the priority.

→ .

5 He turns on the air conditioner as it is too hot.

→ as it is too hot.

6 She will give up the copyright of this postcard.

→ .

7 All the members of the family look up to grandfather.

→ .

8 He should put off the meeting.

→ .

9 She depends on her mother too much.

→ .

10 He never listens to my opinion.

→ .

mysterious 불가사의한   priority 우선사항   opinion 의견

다음 주어진 문장을 수동태로 바꿔 보자.

1 We should carry out the orders.
→ *The orders should be carried out by us* .

2 A blue truck has run over him all the sudden.
→ _____ all the sudden.

3 When I was a baby, my grandparents looked after me.
→ When I was a baby, _____ .

4 She has looked down on janitors.
→ _____ .

5 I will turn off the radio before sleeping.
→ _____ before sleeping.

6 She is wearing a big muffler.
→ _____ .

7 He gave up the plan to immigrate to Canada.
→ _____ .

8 My sister can take care of three cats.
→ _____ .

9 You should make use of this opportunity.
→ _____ .

10 She had better attend to her words.
→ _____ .

all the sudden 갑자기   janitor 관리인, 수위   immigrate 이민가다   opportunity 기회

다음 중 알맞은 것을 골라 보자.

1 We are delighted (with, to) his promotion.

2 She has been concerned (of, with) my work.

3 You should be ashamed (of, by) what you said.

4 I was astonished (at, to) your outfit on Halloween.

5 Your reputation can be known (of, by) the campus newspaper.

6 We are bored (with, to) his speech.

7 He is expected (of, to) become a pilot.

8 My teacher was convinced (of, about) his success.

9 This organic soap is known (to, about) the people having allergies.

10 Spectators were thrilled (of, at) his outstanding performance.

11 Doctor Lee is known (with, as) a specialist of cancer.

12 You should be concerned (of, about) your condition.

13 This play is composed (of, to) five acts.

14 She will be shocked (by, to) this letter.

15 We have been engaged (in, at) farming.

---

outfit 복장   reputation 평판   witness 증언   organic 유기농의   allergy 알레르기   spectator (스포츠)관중
outstanding 뛰어난   play 연극   act 막(연극 등의)   farming 농업

우리말에 알맞게 문장을 완성해 보자.

1 She _____ is known as _____ the most beautiful lady in the world.
그녀는 세계에서 가장 아름다운 여성으로 알려져 있다.

2 My niece _____ by my family for 2 years.
내 조카는 우리 가족에 의해서 2년간 돌보아질 것이다.

3 The turtle _____ live more than one hundred years.
거북이는 100년 이상 살 것으로 기대된다.

4 You _____ your height.
너는 너의 키를 부끄러워할 필요가 없다.

5 On the contrary, her lies _____ .
반대로, 그녀의 거짓말들은 이용될 수 있다.

6 This job _____ due to a low wage.
이 일은 적은 임금 때문에 포기되어져 왔다.

7 They _____ my decision.
그들은 나의 결정에 놀랐음이 틀림없다.

8 The contract _____ quickly.
계약은 빠르게 실행되었다.

9 We _____ our future.
우리는 우리의 미래를 걱정하는 중이다.

10 Lights at the hallway _____ at 10 o'clock.
복도에 있는 불은 10시에 꺼진다.

turtle 거북이   height 키, 신장   on the contrary 반대로   wage 임금   hallway 복도

01 다음 수동태의 시제를 올바르게 연결한 것을 고르시오.

① Your suggestion is accepted.
  – 진행형 수동태

② A bike is being repaired.
  – 조동사 수동태

③ Two parcels will be delivered.
  – 현재형 수동태

④ He has been chased by her.
  – 완료형 수동태

⑤ She should be selected.
  – 진행형 수동태

02 주어진 두 문장의 빈칸에 공통으로 들어갈 알맞은 전치사를 고르시오.

> – TV was turned _____ by dad.
> – A red hat is being put _____.

① on
② at
③ to
④ of
⑤ out

[03–04] 다음 문장을 지시대로 고치시오.

03

> The wall is being painted by her father.

(부정문)

→ _____

_____

04

> Christmas tree will be decorated.

(의문문)

→ _____

_____

05

> Your wallet has been stolen.

(의문문)

→ _____

_____

[06–08] 다음 대화를 읽고 물음에 답하시오.

Tom : Hi, Julie. I have heard that you moved to a new apartment. How is it?

Julie : Hi, it is not good. My apartment is too old. There are many things to do.

Tom : Many things?

Julie : First of all, the wall of the living room should ⓐ(paint) _____. And a window in my room was already ⓑ(break) _____ therefore ⓒit needs to be replaced. Moreover, ⓓ문은 어제부터 잠기지 않아.

Tom : Oh, I am concerned about your condition. You seem to be tired. If you need help, tell me.

---

apartment 아파트

06 ⓐ와 ⓑ의 동사를 알맞게 변화시켜 쓰시오.

ⓐ → _____

ⓐ → _____

07 밑줄 친 ⓒ를 의문문으로 바꾸어 쓰시오.

→ _____

_____

08 밑줄 친 ⓓ를 완료형 수동태로 영작한 것으로 옳은 것을 고르시오.

① The door has not be locked from yesterday.

② The door have not been locked from yesterday.

③ The door has not been lock from yesterday.

④ The door has not been locked from yesterday.

⑤ The door is not been locked from yesterday.

09 다음 의문문에 대한 대답으로 가장 적절한 것을 고르시오.

Have you been invited by Mrs. Smith?

---

① Yes, I am invited.

② Yes, I will.

③ Yes, I want to.

④ No, I have not.

⑤ No, I was not invited.

10 다음 중 어법상 어색한 문장을 고르시오.

① Her phone will not repaired.

② I am elected as a manager.

③ You can be sent to another branch.

④ She has not been picked up.

⑤ We should be invited.

11 다음 동사구의 뜻이 <u>잘못</u> 연결된 것을 고르시오.

① laugh at – ~을 비웃다
② look after – ~을 조사하다
③ turn off – ~을 끄다
④ take care of – ~을 돌보다
⑤ listen to – ~에 귀를 기울이다.

[12–13] 다음 중 우리말을 참고하여 빈칸에 들어갈 단어를 골라 쓰시오.

> by, about, up, of

12

> He is looked _____ to by his son.
> 그는 그의 아들에게 존경받는다.

→ _____

13

> As she was concerned _____ me, she called me several times.
> 그녀는 나를 걱정해서, 나에게 여러 번 전화를 했다.

→ _____

14 다음 우리말을 참고하여 어법상 <u>어색한</u> 부분을 고르시오.

> If you ⓐ<u>do</u> your ⓑ<u>best</u>, ⓒ<u>your</u> pronunciation ⓓ<u>can</u> be ⓔ<u>improve</u>.
> 만일 네가 최선을 다한다면, 너의 발음은 향상될 수 있다.

improve 향상되다

① ⓐ
② ⓑ
③ ⓒ
④ ⓓ
⑤ ⓔ

15 다음 빈칸에 들어갈 알맞은 말을 주어진 우리말과 뜻이 통하도록 고르시오.

> While living in China alone, I _____ by my uncle.
> 중국에 혼자 사는 동안, 나는 삼촌으로부터 돌보아졌다.

① have looked after
② has looked after
③ have been looked after
④ am looked after
⑤ were looked after

16 다음 주어진 단어를 우리말에 맞도록 배열하시오.

> 이 보고서는 미팅 전에 복사되어야하나요?
>
> (the, this, be, should, meeting, report, copied, before)

→ _____

_____

_____

17 다음 문장을 우리말로 바르게 옮긴 것은?

> Her recipe is known as the best.

recipe 요리법

① 그녀의 요리법은 최고임이 기대된다.
② 그녀의 요리법은 최고로 구성된다.
③ 그녀의 요리법은 최고로 알려져 있다.
④ 그녀의 요리법은 최고로 알 수 있다.
⑤ 그녀의 요리법은 최고이기 때문에 유명하다.

18 다음 문장을 수동태로 알맞게 바꾼 것을 고르시오.

> We will not carry out this project.

carry out 실행하다

① This project will not be carrying out.
② This project will not carry out.
③ This project will not be carried out.
④ This project is not being carried out.
⑤ This project is not carried out.

[19-20] 다음 글을 읽고 답하시오.

> Before you leave your room. You should remember these three things. All the electronics should _____ off. Your important belongings should be put in a safe. Lastly, the door has to be locked.
> We hope that you have a pleasant stay in our hotel.

belongings 소지품   safe 금고

19 빈칸에 주어진 동사를 알맞게 변화시켜 쓰시오.

(switch) → _____

20 다음 밑줄 친 문장을 해석하시오.

→ _____

_____

01 두 문장이 문맥상 같은 내용이 되도록 빈칸에 들어갈 알맞은 말을 고르시오.

> I am changing the light bulb in the lamp.
> = The light bulb in the lamp _____ by me.

light bulb 전구

① is being changed
② was being changed
③ needs to be changed
④ has been changed
⑤ will be

02 다음 빈칸에 들어갈 알맞은 말을 주어진 우리말과 뜻이 통하도록 고르시오.

> This computer _____ three times already.
> 이 컴퓨터는 벌써 3번이나 수리 된 적이 있다.

① is repaired
② was repaired
③ would been repaired
④ could been repaired
⑤ has been repaired

03 다음 ⓐ~ⓒ의 빈칸에 공통으로 들어갈 수 있는 것을 고르시오.

> ⓐ She is _____ for her kindness.
> ⓑ K-pop is well _____ to Asian teenagers.
> ⓒ This building is _____ as modern design.

① looked
② known
③ put
④ engaged
⑤ convinced

04 ⓑ 문장을 해석하시오.

→ _____

_____

05 ⓒ 문장을 해석하시오.

→ _____

_____

[06–07] 다음 문장을 밑줄 친 부분에 주의하여 수동태로 바꾸어 쓰시오.

06

> She <u>has canceled</u> a reservation of flight because the rate was too expensive.

rate 요금

→ _____

_____

_____

07

> Someone <u>will send</u> you this package.

→ _____

_____

08 다음 중 전치사가 잘못 쓰인 것을 고르시오.

① be astonished at – ~에 놀라다
② be stuck with – ~로 충격 받다
③ be bored with – ~에 싫증나다
④ be known as – ~에게 알려지다
⑤ be engaged in – ~에 종사하다

09 다음 두 문장의 빈칸에 들어갈 수 있는 말을 쓰시오.

> – This book is ⓐ _____ environment.
> 이 책은 환경과 관계가 있다(관련된 내용이다).
> – Parents are ⓑ _____ their kids.
> 부모님들은 그들의 자녀를 걱정한다.

→ ⓐ _____
→ ⓑ _____

10 다음 우리말에 알맞게 주어진 단어를 활용하여 영작하시오.

> 이 팀은 5명의 선수로 구성되어 있다.

(players, team, this, composed, of)

→ _____

_____

[11–13] 다음 글을 읽고 답하시오.

> Whenever I ⓐ(do) _____ not have anything to do, I often ⓑ(go) _____ for a walk. Luckily, a small park ⓒ(locate) _____ near my house.
> Recently, the plan of renovation ⓓ(announce) _____ to make it better. It will ⓔ(start) _____ from next month. I am sure that <u>people will love this park after the renovation</u>.

11 ⓐ~ⓔ의 동사를 문맥에 맞게 쓴 것 중 **틀린** 것을 고르시오.

① ⓐ – do
② ⓑ – go
③ ⓒ – located
④ ⓓ – was announced
⑤ ⓔ – be started

12 밑줄 친 문장을 this park가 주어가 되도록 고쳐 쓰시오.

→ I am sure that _____

_____

_____

13 다음 빈칸에 알맞은 것으로 짝지어진 것을 고르시오.

> A : Amy _____ the room?
> B : No, the room _____ by Julia.

① decorate - is decorated
② decorated - will decorate
③ will be decorated - will decorate
④ is decorated - is decorating
⑤ is decorating - is being decorated

14 다음 괄호 안의 동사를 알맞은 형태로 쓴 것을 고르시오.

> Is she (hire) _____ as a nanny?

hire 고용하다   nanny 유모

① hire
② hires
③ hiring
④ hired
⑤ to hire

15 위의 문장을 부정문으로 바꾸어 쓰시오.

→ _____

_____

[16-17] 다음 대화를 읽고 물음에 답하시오.

Cathy : Hey, Jina. You look serious.
What happened?
Jina : 내 컴퓨터가 켜지지 않고 있어. All of my
documents ⓐstore in it. What
should I do?
Cathy : Did you ⓑcheck the battery?
Jina : Sure, when I use a laptop, it
ⓒis connected to the power cable.
And the cable ⓓis plugged into
this outlet. Oh my god!
Cathy : Is anything wrong?
Jina : Look, the cable ⓔhas not been
connected to the outlet. That's
why I could not turn it on.

plug into (전자기기)에 연결하다 outlet 콘센트

16 밑줄 친 우리말을 아래의 단어를 사용하여 영작하시
오. 단, 동사는 문맥에 맞게 변화시키시오.

(laptop, turn on)

→ _____

_____

17 ⓐ~ⓔ 중 문법상 어색한 부분을 고르고 바르게 고쳐
쓰시오.

_____

→ _____

18 다음에 들어갈 전치사를 쓰시오.

– be bored _____ ~에 싫증나다
– be delighted _____ ~를 기뻐하다

→ _____

19 다음 주어진 문장을 수동태로 올바르게 바꾼 것을 고
르시오.

He has taken care of his nephew.
그는 그의 조카를 돌보아 왔다.

① He was taken care of his nephew.
② He has been taken care of his
nephew.
③ His nephew was taken care of by
him.
④ His nephew has been taken care of
by him.
⑤ His nephew is taken care of by him.

20 다음 문장을 수동태의 의미를 살려 우리말로 바르게
옮기시오.

This word should be pronounced
correctly.

pronounce 발음하다 correctly 정확하게

→ _____

_____

Chapter 7

명사와 관사

명사와 관사란?

1 주의해야할 명사의 단수/복수

🟦 명사의 단수/복수

ⓐ ~s가 있는 단수 명사
news, mathematics 수학, economics 경제학, physics 물리학, billiards 당구, darts 다트

ⓑ ~s가 없는 복수 명사
children, people, cattle 가축,소(떼), police 경찰, public 대중

ⓒ 단수와 복수가 같은 모양인 명사
deer, fish, sheep, Japanese 일본사람〈들〉, Chinese 중국사람〈들〉

🟦 뜻은 복수인데 s가 붙지 않는 경우

ⓐ 수사
개수를 나타내는 수사는 복수 일지라도 s를 붙이지 않는다.
ten, dozen, score, hundreds, thousands, millions 100만, billions 10억
숙어로 사용되는 경우는 s가 붙는다.
ex. tens of balls 수십 개의 공들   hundreds of balls 수백 개의 공들

ⓑ 화폐 단위를 나타내는 경우
우리나라 돈(won)은 복수 일지라도 s를 붙이지 않고, 달러와 센트는 복수 일 때 s가 붙는다.
ex. ten wons 10원   five hundred dollars and twenty cents 500달러 20센트

ⓒ '숫자 + 단위명사 + 형용사 + 명사'
단위를 나타내는 명사를 단위 명사라고 하며, '숫자 + 단위명사 + 형용사'가 하나의 형용사처럼
쓰여 명사를 수식해 줄 때, 단위명사는 단수를 써 준다.
ex. He is a **7-year-old** boy. 그는 7살난 소년이다.

ⓓ '숫자 + 단위명사 + 명사'
'숫자 + 단위명사' 가 하나의 형용사처럼 쓰여 명사를 수식해 줄 때, 단위명사는 단수를 써준다.
ex. This is a **50-story** building.

2 관사의 종류 및 쓰임

🔷 부정관사(a/an)를 쓰는 경우

하나의 (=one)	I have a cat. 나는 고양이 한 마리가 있다.
같은 (=same)	They are of an age. 그들은 동갑이다.
어떤 (=certain)	There is a girl playing at the park. 공원에서 놀고 있는 어떤 소녀가 있다.
~마다 (=per)	She visits me once a month. 그녀는 한 달에 한 번 나를 방문한다.

🔷 정관사(the)를 사용하는 경우

두 번째 나오는 명사 앞에	ex. He has a pen. The pen is mine. 그는 펜을 가지고 있다. 그 펜은 나의 것이다.
서로 알고 있는 명사 앞에	ex. Will you close the window? 그 창문 좀 닫아 줄래?
악기 연주 앞에	ex. She plays the piano very well. 그녀는 피아노를 매우 잘 친다.
세상에 하나 밖에 없는 자연물 앞에	ex. the sun, the earth, the sky, the east...
서수/최상급 앞에	ex. the third, the tallest...
기타	ex. the only, the very, the same, the last...

🔷 관사를 사용하지 않는 경우 (무관사)

식사 앞에	ex. breakfast, lunch, dinner
운동경기 앞에	ex. tennis, soccer, basketball, baseball
과목 앞에	ex. math, history, music, science, English
교통수단 앞에	ex. by bus, by taxi, by subway, on foot...
인명/지명 앞에	ex. Tom, Korea, New York

🔷 a(an), the, 무관사 모두가 가능한 경우

종족을 나타낼 때

ex. **A tiger** is a wild animal. 호랑이(종족)는 야생동물이다.
= **The tiger** is a wild animal.
= **Tigers** are wild animal.

UNIT 1 명사의 복수형

1 단수형과 복수형이 달라지는 명사

열 번씩 큰소리로 읽어 보자. OOOOO OOOOO

공식		예
모음만 바뀌는 경우	oo → ee	foot → feet tooth → teeth goose → geese
	a → e	man → men woman → women
모양이 일부 바뀌는 경우	+en, +ren	ox → oxen child → children
	ouse → ice	mouse → mice

공식		예
-um 으로 끝날 때	um → a	datum → data 자료 medium → media
-us 로 끝날 때	us → i	fungus → fungi 곰팡이 focus → foci (focuses)
-a 로 끝날 때	a → ae	formula → formulae (formulas) 공식
-on 으로 끝날 때	on → a	phenomenon → phenomena 현상 criterion → criteria 기준

실제로는 formulae 보다 formulas, foci 보다 focuses가 더 많이 사용된다.

2 단수형과 복수형이 같은 명사

Chinese 중국인   Japanese 일본인   salmon 연어   species 종족   series 연속

3 복합명사의 복수형

중요한 의미를 지닌 단어에 s를 붙인다.	mother - in - law → mothers - in - law 시어머니/장모 sister - in - law → sisters - in - law 시누이/올케 step mother (stepmother) → step mothers (stepmothers) 계모 bystander → bystanders 구경꾼/행인 passer - by → passers - by 행인 looker - on → lookers - on 방관자

A 기초 TEST

정답 및 해설 **p.24**

다음 명사의 복수형을 써 넣으시오.

1 medium   *media*

2 datum

3 sheep

4 deer

5 Chinese

6 foot

7 step mother

8 mother-in-law

9 ox

10 child

11 tooth

12 fish

13 looker-on

14 bystander

15 passer-by

16 goose

17 formula

18 mouse

19 policeman

20 woman

21 salmon

22 phenomenon

23 series

24 Japanese

25 fungus

26 species

27 focus

28 criterion

다음 중 알맞은 것을 골라 보자.

1 She has suffered physical abuse by her (step mother, step mothers).

2 These (datum, data) show us the result of the experiment.

3 He founded this huge (fungus, fungi) by accident.

4 My left (foot, feet) is larger than the right one.

5 There are more than a hundred (salmon, salmons) in that river.

6 I could not find the witness among those (bystander, bystanders).

7 Two (Japanese, Japaneses) are on our team.

8 How many (policemans, policemen) are standing on the side of the building?

9 They are her ex-(boyfriend, boyfriends).

10 All the (medium, media) will broadcast this news.

11 He gave us a (focus, foci, focuses) to think about deeply.

12 This (formula, formulae) is used to do the sum.

13 Where are the (ox, oxen) heading for?

14 These books are a (serie, series) on the history of the Joseon dynasty.

15 A new (phenomenon, phenomena) should be studied.

---

physical 신체적   abuse 학대   experiment 실험   formula 공식   sum 합계   dynasty 왕조

다음 중 알맞은 것을 골라 보자.

1 He would like to have a generous (mother-in-law, mothers-in-law).

2 Some (bacterium, bacteria) multiply very quickly.

3 A (child, children) seems to get lost.

4 I don't want to be a (looker-on, lookers-on) in this situation.

5 His (father-in-law, fathers-in-law) is a very reasonable person.

6 Mushrooms are actually (fungus, fungi).

7 She has very strict (criterion, criteria) to judge.

8 I have three daughters and three (son-in-law, sons-in-law).

9 A (mouse, mice) does not mean only one, they are always together.

10 Will you come to an (alumnus, alumni) reunion?

11 I have to memorize ten (formula, formulae, formulas) today.

12 There are many (passers-by, passer-bys) on the street.

13 The (datas, data) processing speed is very important.

14 There were curious (bystander, bystanders) on the road.

15 A lot of (salmon, salmons) return to the river.

---

multiply 증식하다 get lost 길을 잃다 bacterium 박테리아, 세균 looker-on 방관자 father-in-law 장인, 시아버지
reasonable 합리적인 criterion 기준 son-in-law 사위 alumnus 동창 alumni reunion 동창회 curious 호기심 많은

A 실력 TEST

다음 우리말에 알맞게 문장을 완성해 보자.

1 Your facebook can be an efficient *medium* to express your opinion.
너의 페이스북은 너의 의견을 표현하기에 효과적인 매체가 될 수 있다.

2 When I was kid, I had a   as my friend.
내가 어렸을 때, 나는 친구로서 거위 한 마리를 가지고 있었다.

3 We should value the roll of   in our society.
우리는 우리 사회에서 대중매체들의 역할을 가치 있게 여겨야 한다.

4 These complex   should be explained for the students.
이 복잡한 공식들은 학생들에게 설명되어야 한다.

5 Those are farmed   .
저것들은 양식된 연어들이야.

6 She has a handsome   and they will get married.
그녀는 잘생긴 남자친구가 있고 그들은 결혼할거야.

7 I am sure that this is a reliable   .
나는 이것이 신뢰할만한 기준이라고 확신합니다.

8 These   is highly contagious.
이 박테리아들은 전염성이 강하다.

9 My convertible car is surrounded by   .
나의 오픈카는 구경꾼들에게 둘러싸여 있다.

10 Did you read a book called The Origin of   ?
종의 기원 이라는 책을 읽어 봤니?

---

value 가치 있게 여기다 media 대중매체 farmed 양식된 reliable 신뢰할 만한 highly 매우 contagious 전염성의

다음 우리말에 알맞게 문장을 완성해 보자.

1 I have to pull out at least three *teeth* .
나는 적어도 3개의 치아를 빼야 한다.

2 To understand the society, we need to understand social _____.
사회를 이해하기 위해서는 사회 현상들을 이해할 필요가 있다.

3 You can't fish the marine _____ in the river.
강에서는 바닷물고기를 잡을 수 없어.

4 I do not want to be disturbed by a _____.
나는 잠깐 들르는 사람 때문에 방해 받고 싶지 않다.

5 When you can't sleep, count _____.
잠에 들 수 없을 때는, 양들을 세어봐.

6 It is difficult to distinguish the Koreans from the _____ for western people.
서양 사람들에게 한국인들과 중국인들을 구분하는 것은 어렵다.

7 There are only two _____ in the street.
길에는 오직 2명의 행인들만 있다.

8 Is that also a natural _____?
이것 또한 자연 현상입니까?

9 They refused to provide _____ which are difficult to find.
그들은 찾기 어려운 자료들을 제공하는 것을 거절했다.

10 He might know some basic _____.
그가 약간의 기본 공식들을 알고 있을 지도 모른다.

---

dropper-in 잠깐 들르는 사람 **distinguish** 구분하다 **western** 서쪽의

UNIT 2 추상명사의 관용적 표현

1 전치사 + 추상명사

전치사와 추상명사가 만나 부사 역할을 한다.

전치사 + 추상명사 = 부사

with ease = easily 쉽게	in haste = hastily 성급히
with care = carefully 신중하게	in peace = peacefully 평화롭게
with patience = patiently 참을성 있게	on purpose = purposely 일부러
with fluency = fluently 유창하게	on occasion = occasionally 이따금씩
with accuracy = accurately 정확하게	by accident = accidently 우연히
in reality = really 실제로	without doubt = undoubtedly 틀림없이
in private = privately 사적으로	without fail = certainly 틀림없이

ex. She solved a difficult problem **with accuracy**. 그녀는 어려운 문제를 정확하게 풀었다.
= She solved a difficult problem **accurately**.

I will receive a scholarship **without fail**. 나는 틀림없이 장학금을 받을 것이다.
= I will receive a scholarship **certainly**.

2 전치사 + 추상명사

전치사와 추상명사가 만나 형용사 역할을 한다.

전치사 + 추상명사 = 형용사

of use = useful 유용한	of importance = important 중요한
of value = valuable 가치 있는	of courage = courageous 용기 있는
of no use = useless 소용없는	of beauty = beautiful 아름다운
of ability = able 능력 있는	of wisdom = wise 현명한

ex. It is an act **of courage**. 이것은 용기 있는 행동이다.
= It is a **courageous** act.

A 기초 TEST

정답 및 해설 **p.25**

다음 밑줄 친 부분을 한 단어로 고쳐 보자.

1 This apple looks fine, but it is rotten <u>in reality</u>.   *really*

2 He is a man <u>of importance</u>.

3 She found a ladybug <u>of beauty</u>.

4 We met James on the way to school <u>by accident</u>.

5 This is a decision <u>of courage</u>.

6 You will win a game <u>without doubt</u>.

7 His grandfather died <u>in peace</u>.

8 I bought a guide book <u>of use</u>.

9 You arrive on time <u>without fail</u>.

10 He asks me to hold his baby <u>with care</u>.

11 Jim spraks Korean <u>with fluency</u>.

12 Even though it is not expensive, it is <u>of value</u> to me.

13 She reported a major cause to her boss <u>with accuracy</u>.

14 You don't need to drive <u>in haste</u>.

15 She is sitting in front of the oven <u>with patience</u>.

---

rotten 썩은   **ladybug** 무당벌레   **on the way to** ~로 가는 중에

A 기본 TEST

정답 및 해설 **p.25**

주어진 문장을 추상명사를 이용하여 우리말에 알맞게 문장을 완성해 보자.

1 We have to get on the train at 2o'clock   *without fail*   .

우리는 2시에 틀림없이 기차를 타야만 해.

2 I consider Lina a friend   .

나는 Lina를 현명한 친구라고 생각해.

3 She is eager to speak English   .

그녀는 영어를 유창하게 말하기를 간절히 바란다.

4 Did you bring the envelope   which I asked?

내가 부탁한 중요한 봉투는 가져왔지?

5 In my eyes, this painting is   .

내가 보기에는 이 그림이 아름답다.

6 They enter the room at the corner so as to talk   .

그들은 사적으로 이야기 하려고 모서리에 있는 방으로 들어간다.

7 When he is alone, he enjoys going for a walk   .

그는 혼자일 때, 평화롭게 산책하는 것을 즐긴다.

8 I saw him fixing a TV   .

그가 TV를 쉽게 고치는 것을 보았다.

9 They know an engineer   .

그들은 능력 있는 기술자를 안다.

10 He paid with a counterfeit bill   .

그는 일부러 위조지폐로 계산했다.

---

consider A B A를 B라고 여기다   eager 간절히 바라는   In my eyes 내가 보기에는   counterfeit 위조의

실력 TEST

정답 및 해설 p.25

주어진 문장을 추상명사를 이용하여 우리말에 알맞게 문장을 완성해 보자.

1 You should handle these crystal bowls *with care* .
당신은 이 크리스털 그릇을 신중하게 다루어야 해요.

2 My uncle is well known as a man   in the village.
나의 삼촌은 현명한 사람이라고 동네에 잘 알려져 있다.

3   , I am scared of her, she is mean to me.
실제로 나는 그녀가 무서워, 그녀는 나에게 심술궂단 말이야.

4 A computer is   to me.
컴퓨터는 나에게 소용없어.

5 If you draw my portrait, it will be   .
만일 당신이 나의 초상화를 그려준다면, 그것은 가치 있을 것입니다.

6 Don't answer the question   .
질문에 성급히 답하지 마.

7 She gave me a tool   .
그녀는 나에게 유용한 공구를 주었다.

8 I know that you switched my bag with hers   .
나는 네가 나의 가방을 너의 것과 일부러 바꾸었던 것을 알고 있어.

9 He does a puzzle   .
그는 퍼즐을 정확하게 맞춘다.

10 She asked me to send her a letter   .
그녀는 나에게 이따금씩 편지를 보내라고 부탁했다.

crystal 크리스털 mean 심술궂은 portrait 초상화 tool 공구, 도구 switch 바꾸다 do a puzzle 퍼즐을 맞추다

UNIT 3 명사의 소유격

1 사람/동물의 소유격

공식		예
단수명사	단수명사 + 's	the eagle's eyes
s로 끝나는 복수명사	복수명사 + '	boys' school
s로 끝나지 않는 복수명사	복수명사 + 's	Ewha Women's University

2 무생물의 소유격

ⓐ 무생물의 소유격은 of를 이용한다.

　소유 당하는 명사 + **of** + 소유하는 명사

ex. **the bell of the church** 그 교회의 종
　　the roof of the house 그 집의 지붕

ⓑ 무생물이지만 시간, 거리, 가격, 무게를 나타내는 경우는
　's 나 '를 붙여서 소유격을 만든다.

ex. 〈시간〉 **today's newspaper** 오늘의 신문
　　〈거리〉 **ten minutes' walk** 걸어서 10분
　　〈가격〉 **four dollars' worth of honey** 4 달러어치의 꿀
　　〈무게〉 **two pounds' weight of meat** 2 파운드의 고기

Tip! two pounds' weight of meat 에서 실제로 weight는 잘 사용하지 않는다.

3 이중소유격

관사, 지시대명사, 부정대명사와 소유격은 함께 올 수 없으므로, of와 소유대명사를 이용하여 소유격을 나타낸다.

　a(an), this (these), that (those), some, no, any, another + 명사 + **of** + 소유대명사

ex. **a dog of mine** 나의 개 한마리
　　these hairpins of hers 그녀의 이 머리핀들
　　some balls of Jenny's Jenny의 몇 개의 공들

A 기초 TEST

정답 및 해설 **p.25**

다음은 명사의 소유격이다. 알맞은 것을 골라 보자.

1 학교의 나무 (the school's tree, the tree of school)

2 Ann의 일 (Ann's job, a job of Ann)

3 남자들의 정장 (mens' suits, men's suits)

4 비행기의 날개 (the airplane's wing, the wing of the airplane)

5 3일간의 휴가 (three day's holiday, three days' holiday)

6 10 달러어치의 치즈 (ten dollar's worth of cheese, ten dollars' worth of cheese)

7 그 아이들의 장난감들 (the children' toys, the children's toys)

8 그 도시의 관문 (the gate of the city, the city of the gate)

9 일주일간의 휴식 (a week's rest, a weeks' rest)

10 여자 고등학교 (girls' high school, girls's high school)

다음은 이중소유격을 나타낸 것이다. 알맞은 것을 골라 보자.

1 (your that camera, that camera of your, that camera of yours)

2 (the cell phone of my, a my cell phone, the cell phone of mine)

3 (those caps of Jenny, those caps of Jenny's, Jenny's those caps)

4 (her some dolls, some dolls of hers, hers of some dolls)

5 (another racket of him, his of another racket, another racket of his)

다음 우리말에 알맞게 문장을 완성해 보자.

1 그 식당의 주인   *the owner of the restaurant*   **2** 그 간호사의 주사

3 3 마일의 거리   **4** 한 달간의 휴가

5 그 영화의 시작   **6** 이 책의 표지

7 그 여인의 미소   **8** 내일의 날씨

9 5 달러어치의 설탕   **10** 그 건물의 비상구

11 그 여우들의 털   **12** 그 잡지의 이름

13 몇 시간의 데이터   **14** 4 파운드의 반죽

다음은 이중소유격을 나타낸 것이다. 바르게 고쳐 보자.

1 his sister's some books   →

2 Puccini's an opera   →

3 some my pencils   →

4 another her merit   →

5 their those blocks   →

---

shot 주사   distance 거리   beginning 시작   exit 비상구   dough 반죽   magazine 잡지   merit 장점

다음 명사의 소유격을 써 보자.

1 그 여자들의 지갑들   *The women's purses*

2 Jane의 화장품

3 호랑이의 꼬리

4 나의 한 친구

5 그 소녀들의 공책

6 숙명여자대학교

7 걸어서 30분

8 2파운드의 고기

9 그 집의 지붕

10 그녀의 이 드레스들

11 Jenny의 몇 권의 책

12 600그램의 치즈

13 5 달러어치의 밀가루

14 그 차의 열쇠

15 그 탁자의 다리들

16 오늘의 신문

17 그 의사의 가운들

18 그 스마트폰의 번호

19 내일의 근심들

20 4 달러어치의 음식

cosmetics 화장품   **care** 근심/돌봄/조심

UNIT 4 관사

1 부정관사를 쓰는 경우

하나의 (= one)	I have **a** cat. 나는 고양이 한 마리가 있다.
같은 (= same)	They are of **an** age. 그들은 동갑이다.
어떤 (= certain)	There is **a** girl playing at the park. 공원에서 놀고 있는 어떤 소녀가 있다.
~마다 (= per)	She visits me once **a** month. 그녀는 한 달에 한 번 나를 방문한다.

2 정관사를 쓰는 경우

only, very, next, same 등이 명사를 수식할 때	They bought **the** same watch. 그들은 같은 시계를 샀다.
신체 부위에 어떤 동작이 행해지는 경우	He touched me on **the** shoulder. 그는 내 어깨를 만졌다.
산맥, 국가 등 복수형 고유명사 앞에	She stayed in **the** United States of America for one year. 그녀는 1년 동안 미국에 머물렀다.
강, 바다, 신문 등 고유명사 앞에	I love to see stars in **the** sky. 나는 하늘의 별들을 보는 것을 좋아한다.

3 관사의 생략

호칭, 가족 앞에	She called **X** Doctor Smith. 그녀는 스미스박사에게 전화했다.
신분, 질병 앞에	I have **X** constipation. 나는 변비가 있다.
원래의 목적으로 사용되는 건물이나 장소 앞에	We went to **X** school. 우리는 학교에 갔다.
감기, 요통, 복통, 치통은 부정관사가 붙는다.	You seem to have **a** cold / backache / stomachache / toothache. 너는 감기/복통/치통이 있는 것 같다.

다음 중 알맞은 것을 골라 보자.

1 He has tea time three times (a, the, X) day.

2 (A, The, X) doctors are always busy.

3 You can see (a, the, X) pigeon everywhere.

4 She slapped me on (a, the, X) back.

5 (A, The, X) girl was looking for you.

6 We elected her (a, the, X) principal.

7 (A, The, X) New York Times is my favorite newspaper.

8 These are all of (a, the, X) size.

9 He is selected as (a, the, X) manager of new branch.

10 I met (a, the, X) lady with many bags.

11 His sister is in (a, the, X) prison.

12 We will meet tomorrow at (a, the, X) same restaurant.

13 There is (a, the, X) pillow next to him.

14 She is (a, the, X) only daughter in her family.

15 You should work out twice (a, the, X) week.

pigeon 비둘기　slap 찰싹 때리다　prison 감옥　pillow 베개　work out 운동하다

다음 중 알맞은 것을 골라 보자.

1 What time is (a, the, X) next train to Busan?

2 The most dangerous animal is (a, the, X) tiger.

3 She decided to work with (a, the, X) Professor Kim.

4 Do you know about (a, the, X) General MacArthur?

5 I would like (an, the, X) apple and two bananas.

6 She will find a job in (a, the, X) Philippines.

7 (A, The, X) dolphin is a very friendly animal.

8 Both of you are of (the, X) same mind.

9 Tom held me by (a, the, X) hand.

10 How many bridges are over (a, the, X) Han River?

11 (A, The, X) dog smells better than the human.

12 He was correct in (a, the, X) sense.

13 You should have a medical check-up once (a, the, X) year.

14 Julia went to see a doctor because of (a, the, X) lung cancer.

15 If you open the cabinet, you will see (a, the, X) container.

General 장군 be of a mind 같은 마음이다 Philippines 필리핀 dolphin 돌고래 Han River 한강
in a sense 어떤 의미에서 container 용기, 그릇

다음 중 우리말에 알맞은 관사를 써 보자.(필요 없는 곳은 X표)

1 I warned you at *the* very beginning.
맨 처음에 나는 너에게 경고했어.

2 _____ Sir, please show your ID.
선생님, 신분증을 보여주세요.

3 I cannot stop scratching on _____ ear.
나는 귀를 긁는 것을 멈출 수 없어.

4 In Egypt, there is _____ Nile.
이집트에는 나일강이 있다.

5 He is suffering from _____ asthma since he was kid.
그는 어렸을 때부터 천식으로 고통 받고 있다.

6 One day, I hope to go to _____ Himalayas.
언젠가 나는 히말라야 산맥에 가고 싶다.

7 Every Sunday, we go to _____ church.
일요일마다 우리는 예배보러 간다.

8 He comes to my office at least once _____ week.
그는 적어도 일주일에 한 번은 내 사무실에 온다.

9 She bought exactly _____ same skirt as mine.
그녀는 정확히 내 것과 똑같은 치마를 샀어.

10 _____ Waiter, give me some hot water please.
웨이터, 뜨거운 물 좀 부탁합니다.

warn 경고하다 **Nile** 나일강 **suffer from** ~으로 고통 받다 **asthma** 천식 **Himalayas** 히말라야산맥 **exactly** 정확히

다음 중 우리말에 알맞은 관사를 써 보자.(필요 없는 곳은 X표)

1 In   X   class, we have to concentrate on the lecture.
수업중에 우리는 강의에 집중해야 한다.

2 He died of   pneumonia suddenly.
그는 갑자기 폐렴으로 죽었다.

3 He appointed me   captain of our team.
그가 나를 우리 팀의 주장으로 임명했어.

4 He is the first man who crosses   Atlantic.
그는 대서양을 건너는 첫 번째 사람이다.

5   Mr. Smith is waiting for you.
어떤 Smith라는 분이 널 기다리고 있어.

6 What do you feed   bird?
새에게는 무엇을 먹입니까?

7 Mother is at work,   father is at home today.
오늘은 어머니는 일하고 계시고, 아버지는 집에 계신다.

8 You are not   only one.
당신만 그런 것이 아닙니다.

9   Daddy, can I go out with Jenny?
아빠, Jenny랑 나가도 되나요?

10 You knocked me on   head.
너는 내 머리를 쳤어.

die of ~로 죽다 pneumonia 폐렴 appoint 임명하다 Atlantic 대서양 feed 먹이를 먹이다 hit 때리다

[01–03] 다음 대화를 읽고 물음에 답하시오.

> *Emma* : Do you know where a pharmacy is? I have not seen any.
>
> *Neal* : Well, I might see one on the way to ⓐ<u>Cathy의 식당</u>.
>
> *Emma* : Is it far from here?
>
> *Neal* : No, it is only ⓑ<u>걸어서 1분</u>. You can find it easily. If <u>you want</u> me to go with you, I am available.
>
> *Emma* : That's kind of you. I have to buy a painkiller for my brother. ⓒ<u>He has toothache</u>.
>
> *Neal* : We should be hurry. It's already 7 pm.

pharmacy 약국   painkiller 진통제

01 ⓐ의 우리말을 영어로 바르게 옮겨 쓴 것을 고르시오.

① Cathy of restaurant
② Cathy's restaurant
③ Cathys' restaurant
④ the restaurant's Cathy
⑤ One restaurant of Cathy's

02 ⓑ를 명사의 소유격을 사용하여 영어로 쓰시오.

→ _____

03 밑줄 친 ⓒ 문장을 바르게 고쳐 보시오.

→ _____

04 다음 명사의 복수형이 올바르게 짝지어 진 것을 고르시오. (답2개)

① passer - by → passers - by
② bystander → bystanders
③ sheep → sheeps
④ datum → datums
⑤ medium → mediums

05 다음 빈칸에 알맞은 내용을 주어진 우리말과 뜻이 통하도록 고르시오.

> We should drink a cup of water eight times _____ day.
> 우리는 한 잔의 물을 하루에 8번 마셔야 한다.

① a
② an
③ the
④ one
⑤ 관사생략

06 다음 중 부정관사와 정관사가 모두 사용될 수 있는 경우를 고르시오.

① 신분, 질병 앞에

② 산맥, 국가 등 복수형 고유명사 앞에

③ 종류/종족

④ ~마다 (= per)

⑤ 하나의 (= one)

07 다음 중 부정관사를 사용할 수 <u>없는</u> 것 두 개를 고르시오.

① A pneumonia sized him.

② I caught a cold.

③ He had a cancer.

④ The baby has a fever.

⑤ She has a stomachache.

pneumonia 폐렴   fever 열   stomachache 위통

08 다음 중, 부사의 역할을 하는 관용적 표현이 아닌 것을 고르시오.

① with accuracy

② in peace

③ without fail

④ of value

⑤ by accident

09 다음 빈칸의 소유격을 알맞게 쓴 것을 고르시오.

There is a shop where we can buy _____ clothing.
우리가 남성복을 살 수 있는 가게가 있다.

① mans'

② man's

③ mens'

④ men's

⑤ man of

10 다음 두 문장의 빈칸에 공통으로 들어갈 수 있는 것을 고르시오.

- I am sure that you told a lie to me ____ purpose.

- ____ occasion, I go to the library with my son.

① with

② on

③ in

④ by

⑤ of

[11–12] 다음 글을 읽고 답하시오.

> While working as an intern in (ⓐ)
> Philippines for two months, I could
> meet many friends. Among them, I still
> keep in touch with three friends, Chris,
> Cindy and Margo. Fortunately we all are
> of (ⓑ) age and we all speak English.
> We could get to know each other
> ⓒ<u>with ease</u>. It was an unforgettable
> experience.

Fortunately 다행히   unforgettable 잊지 못할

11 ⓐ와 ⓑ에 들어갈 관사를 알맞게 짝지은 것을 고르시오.

① a – an   ② a – the
③ the – an   ④ the – 생략
⑤ 생략 – an

12 밑줄 친 ⓒ를 한 단어로 바꾸어 쓰시오.

→ _____

13 다음 밑줄 친 단어를 복수로 쓸 때, 알맞은 복수형을 고르시오.

> Globalization is a <u>phenomenon</u>.

globalization 세계화

① phenomenen
② phenomenons
③ phenomenon
④ phenomena
⑤ phenomenonae

14 다음 두 문장의 빈칸에 들어갈 알맞은 단어로 짝지어진 것은?

> I am studying English with one
> _____ and two _____.
> 나는 한 명의 중국인과 두 명의 일본인과 함께 영어를 공부 중이다.

① Chineses – Japaneses
② Chinese – Japanese
③ Chineses – Japanese
④ Chinese – Japaneses
⑤ Japanese – Chineses

15 두 문장이 같은 뜻이 되도록 빈칸에 들어갈 알맞은 말을 쓰시오.

> He always drives hastily even when
> he does not have anything busy to
> do.
> = He always drives _____
> even when he does not have
> anything busy to do.

→ _____

16 다음 밑줄 친 단어를 추상명사를 사용하여 문장을 다시 쓰시오.

> I bought <u>beautiful paintings</u> for my gallery.

→ _____

    _____

17 다음 두 문장의 의미가 통하도록 주어진 단어를 올바르게 배열하시오.

> She gave me <u>this beautiful picture</u> which she took by herself.
> = She gave me _____
> which she took by herself.

(beauty, of, picture, this)

→ _____

18 다음 중 단수형과 복수형이 같지 <u>않은</u> 명사를 고르시오.

① fish
② deer
③ series
④ goat
⑤ salmon

19 다음 중 전치사와 추상명사를 결합하여 부사로 사용할 때, 의미가 통하는 부사와 연결한 것으로 옳지 <u>않은</u> 것은?

① with care - carefully
② without doubt - undoubtedly
③ in private - privately
④ in real - really
⑤ in haste - hastily

20 다음 우리말에 맞게 빈칸에 들어갈 말을 추상명사를 사용하여 쓰시오.

> If you do not know how to use the calculator, this expensive calculator is _____ .
> 만일 네가 계산기를 어떻게 사용하는지 모른다면, 이 비싼 계산기는 소용이 없다.

calculator 계산기

→ _____

[01–03] 다음 올바른 것을 고르고 우리말로 해석하시오.

[04–05] 다음 글을 읽고 답하시오.

01

You seem to have (a, the, X) backache.

backache 요통

→ _____

_____

02

We are planning to go to (a, the, X) United States of America next month.

→ _____

_____

03

He caught me by (a, the, X) hand all of a sudden.

all of a sudden 갑자기

→ _____

_____

Recently, I decided to go to (ⓐ) graduate school. I sent the application to Ewha ⓑ_____ university in Seoul. And I am accepted. As I am living in Daegu, I will stay at Yumi's house for one semester.

recently 최근에   graduate school 대학원
application 지원서   accept 받아들이다

04 ⓐ에 알맞은 것을 고르시오.

① a
② an
③ the
④ 관사 생략
⑤ 모두 가능

05 아래 우리말을 참고하여 ⓑ에 알맞은 소유격 표현을 쓰시오.

나는 이화여자대학교에 지원서를 보냈다.

→ _____

06 두 문장이 같은 뜻이 되도록 빈칸에 들어갈 알맞은 말을 쓰시오.

> As I have learned Japanese for a long time, I speak Japanese with fluency.
> = As I have learned Japanese for a long time, I speak Japanese
> _____.

→ _____

07 다음 주어진 단어들을 활용하여 우리말과 뜻이 통하도록 영작하시오.

> 너는 오늘의 신문을 벌써 읽었니?

(read, already, today's, did, you, newspaper)

→ _____

_____

08 다음 명사의 단수형과 복수형이 알맞게 짝지어 진 것을 고르시오.

① foot - feets
② man - mans
③ child - child
④ formula - formulas
⑤ fungus - fungus

09 다음 빈칸에 들어갈 관사를 쓰시오.

> We gave _____ same present to each other.

→ _____

10 다음 중 정관사를 쓸 수 있는 경우를 모두 고르시오.

> ⓐ 어떤 (= certain)
> ⓑ 복수형 나라 고유명사 앞에
> ⓒ 호칭 앞에
> ⓓ 강, 바다 등 고유명사 앞에
> ⓔ 원래의 목적으로 사용되는 건물 앞에

→ _____

[11–12] 다음 대화를 읽고 물음에 답하시오.

> *Tom* : Oh! is that your dog?
>
> *Jack* : No, it is <u>미나의 개</u>. I am taking care of him for a minute. She is in (ⓐ) class. Do you like (ⓑ) dog?
>
> *Tom* : I have (ⓒ) dog as well. I love her so much. Can I hold him?
>
> *Jack* : I am not sure. He is trembling. I guess he is scared of me.

tremble 떨다

11 ⓐ~ⓒ에 들어갈 관사가 올바르게 짝지어 진 것을 고르시오. (X는 생략의 의미)

① X - a - X
② a - the - X
③ the - the - X
④ X - a - the
⑤ X - the - a

12 밑줄 친 '미나의 개'를 올바르게 영어로 옮긴 것을 고르시오.

① Mina' dog
② Mina's dog
③ Mina of dog
④ the dog of the Mina
⑤ Dog of Mina's

13 다음 중 명사의 단수형이 복수형으로 바뀌는 규칙이 <u>다른</u> 단어는? (두 개)

① foot
② tooth
③ sheep
④ goose
⑤ deer

14 다음 문장에서 문법상 <u>어색한</u> 부분을 찾아 고르시오.

> This ⓐ<u>formulae</u> can help ⓑ<u>us</u> ⓒ<u>calculate</u> ⓓ<u>these</u> long numbers ⓔ<u>easily</u>.

① ⓐ
② ⓑ
③ ⓒ
④ ⓓ
⑤ ⓔ

15 위 문장의 어색한 부분을 올바르게 고쳐서 다시 쓰시오.

→ _____

_____

_____

16 다음 주어진 우리말과 통하도록 빈칸에 소유대명사를 사용하여 쓰시오.

> Jane은 나에게 내 책 중 일부를 빌려달라고 요청한다.
>
> Jane asks me to borrow some books _____.

→ _____

[17–18] 다음 주어진 단어를 이용하여 우리말을 영어로 옮겨 쓰시오.

17

> 나의 침대의 다리들은 너무 길다.
>
> _____ are too long.

(leg, bed)

→ _____

18

> 엄마는 잡화점에서 3,000원어치의 꿀을 구입했다.
>
> Mom purchased _____ at the grocery.

(thousand, honey)

→ _____

_____

19 다음 중 같은 의미로 연결되지 않은 것은?

① of use - useful
② of wisdom - wise
③ of importance - important
④ of courage - courageous
⑤ of able - ability

20 다음 우리말과 의미가 통하도록 한 단어로 나타내시오.

> I will be there without fail.
> = I will be there _____.

→ _____

종합문제

01 다음 밑줄 친 부분을 바꾸어 써도 의미가 같은 조동사를 고르시오.

> This amazing concert is <u>to</u> be recorded on video.
>
> 이 멋진 콘서트는 비디오로 녹화되어야만 한다.

① had better
② would rather
③ could
④ must
⑤ is able to

02 다음 빈칸에 어법상 올바르게 쓴 것을 고르시오.

> Though he refuses _____ us, we'll not blame him.
>
> 비록 그가 우리와 합류하는 것을 거절할지라도, 우리는 그를 비난하지 않을 것이다.

① to join
② to be joined
③ join
④ joining
⑤ being join

03 다음 두 문장이 뜻이 같도록 빈칸에 알맞은 것을 고르시오.

> It seems that his younger brother finished his duty.
> = His younger brother _____ his duty.

① seems to finish
② seemed to finish
③ seems to have finished
④ seemed to have been finished
⑤ seems to finish

04 다음 문장을 조동사의 의미를 살려 바르게 우리말로 옮기시오.

> I would rather buy a new camera than pay 500,000 won to repair it.

→ _____

_____

[05–07] 다음 중 문장의 빈칸에 알맞은 것을 골라 쓰시오.

to sum up	of value
with accuracy	to be sure

05

You have to recognize the value of this jewelry _____.

너는 이 보석의 가치를 정확하게 알아봐야 한다.

recognize 알아보다

→ _____

06

She is very picky _____ .

확실히 그녀는 매우 까다로워.

picky 까다로운

→ _____

07

_____ , we need to renovate the house in a week.

요약하자면, 우리는 일주일 안에 집을 보수해야 합니다.

renovate 개조(보수)하다

→ _____

08 다음 빈칸에 들어갈 수 <u>없는</u> 것을 고르시오.

I am looking forward to _____ you soon.

① hearing from
② meet
③ seeing
④ watching movie with
⑤ marrying

09 다음 빈칸에 알맞은 전치사를 고르시오.

She is sleeping _____ TV turned on.

① on
② for
③ to
④ with
⑤ in

10 다음 중 생략 가능한 부분을 골라 표시하시오.

Her sister asked her to order pizza but she really does not want to order pizza.

11 다음 우리말과 뜻이 통하도록 빈칸에 알맞은 것을 고르시오.

> You _____ be angry at me. I feel so sorry.
>
> 네가 나에게 화가 나는 것은 당연하다. 나는 너에게 매우 미안함을 느낀다.

① may
② can
③ may as well
④ may well
⑤ have to

12 다음 문장을 지시대로 바꾸어 쓰시오.

> She looks down on me because of my height.

(수동태)

→ _____

_____

13 주어진 명사를 복수형으로 알맞게 쓴 것으로 짝지은 것은?

> ⓐ foot
> ⓑ ox
> ⓒ focus

① feet - ox - foci
② foots - oxen - foci
③ feet - oxen - focus
④ feet - oxen - foci
⑤ feets - ox - focus

14 다음 중 밑줄 친 것이 조동사가 <u>아닌</u> 것을 고르시오.

① She <u>had better</u> leave now.
② He <u>needs</u> to earn money.
③ You <u>should</u> get up early.
④ They <u>must</u> blame me.
⑤ I <u>can</u> speak French.

15 다음 의문문에 대한 대답으로 가장 적절한 것을 고르시오.

> Is she being punished by her parents?

① No, she has not.
② No, she is not.
③ Yes, she is punished.
④ Yes, she has.
⑤ Yes, she was.

16 다음 주어진 단어를 우리말에 맞도록 배열하시오.

> 그녀는 그녀의 딸이 1등을 했다는 것에 대해 자부심을 가지고 있다.
>
> (is, of, her, prize, the first, won, having, she, proud, daughter's)

→ _____

_____

17 다음 빈칸에 들어갈 동사의 형태로 알맞은 것을 고르시오.

> He walked away (cry) _____.
> 그는 울면서 걸어 나갔다.

→ _____

18 다음 분사구문의 관용적 표현의 뜻이 올바르지 <u>않은</u> 것은?

① strictly speaking – 솔직히 말하자면
② compared with – ~와 비교해서
③ judging from – ~으로 판단하건대
④ seeing (that) – ~인 것으로 보아
⑤ speaking of – ~관해 말하자면

19 다음 빈칸에 들어갈 말이 올바르게 짝지어 진 것을 고르시오.

> A : Why did you postpone _____ to the dormitory?
> B : Because I am planning _____ a studio near my school.

dormitory 기숙사

① to move - to get
② to move - getting
③ moving - getting
④ moving - to get
⑤ move - get

20 다음 밑줄 친 곳과 바꾸어 쓸 수 있는 것을 고르시오.

> I am to call a hospital <u>so as to</u> have an appointment with doctor.
> 의사와 약속을 잡기 위해서 나는 병원에 전화해야만 한다.

① so that
② so
③ in order that
④ in order
⑤ to

[21~23] 다음 대화를 읽고 물음에 답하시오.

> *Serena* : Amy has not arrived yet? She is always late. I can't stand her anymore. It's ⓐ<u>of no use</u>.
> *Nick* : Do not think like that. She is not late ⓑ<u>purposely</u>.
> *Serena* : But she needs to try to be on time if she tries to ⓒ. At least she should feel sorry.
> *Nick* : I agree with you. However, Serena, we are friends. Let's give her a second chance.
> *Serena* : If you say so, I will do that.She should thank you.

stand 참다   second chance 또 다른 기회

21 ⓐ를 한 단어로 바꾸어 쓰시오.

→ _____

22 ⓑ를 추상명사를 이용해 바꾸어 쓴 것으로 올바른 것을 고르시오.

① in purpose
② by purpose
③ of purpose
④ on purpose
⑤ for purpose

23 ⓒ에 생략된 부분을 본문에서 찾아 쓰시오.

→ _____

[24-25] 다음 글을 읽고 물음에 답하시오.

> In order to lose weight, I ⓐ joined a gym which ⓑ is located on ⓒ same floor with my office. Since I work from 9 to 5, I had better ⓓ go there before dinner. If I had started last year, 나는 약간의 체중을 뺐을지도 모른다. However there is a saying "The beginning is half of the whole.", I will ⓔdo my best.

24 밑줄 친 ⓐ~ⓔ 중 잘못된 것을 바르게 고친 것은?

① ⓐ – am joined
② ⓑ – located
③ ⓒ – the same floor
④ ⓓ – to go
⑤ ⓔ – doing

25 밑줄 친 우리말과 뜻이 통하도록 주어진 단어를 바르게 나열하시오.

(might, lost, have, weight, I, some)

→ _____

_____

01 다음 문장을 수동태로 알맞게 바꾼 것을 고르시오.

> She ran over a cat on the road.

① She was run over a cat on the road.
② She has run over a cat on the road.
③ A cat on the road was run over by her.
④ A cat on the road has run over by her.
⑤ A cat on the road ran over her.

02 다음 중 단수형과 복수형이 같은 명사가 <u>아닌</u> 것을 고르시오.

① series
② Japanese
③ German
④ sheep
⑤ deer

03 다음 밑줄 친 부분과 바꾸어 쓸 수 있는 것을 하나만 쓰시오.

> We <u>are to</u> watch movie tonight.

→ _____

_____

04 다음 두 문장이 같은 뜻이 되도록 빈칸에 알맞은 것 두 개를 고르시오.

> She will quit her job in order to establish her own firm.
> = She will quit her job so that she _____ establish her own firm.

establish 설립하다, firm 회사

① might
② may
③ could
④ would
⑤ can

05 다음 문장을 부정문으로 올바르게 바꾼 것을 고르시오.

> I would rather use your computer.

① I would not rather use your computer.
② I would not rather to use your computer.
③ I would not use your computer.
④ I would rather not use your computer.
⑤ I would rather not to use your computer.

06 다음 문장에서 문법상 어색한 부분을 고르고 올바르게 고치시오.

> You should have ⓐ <u>buying</u> a ticket when you decided ⓑ <u>to go</u>. Now, the ticket ⓒ <u>must</u> be ⓓ <u>sold</u> out.

→ _____
_____

07 A. 동명사를 목적어로 취할 수 <u>없는</u> 동사를 고르시오.

> avoid delay intend offer
> continue start like

→ _____

B. 동명사와 부정사를 목적어로 취하는 동사를 고르시오.

→ _____

08 다음 밑줄 친 부분과 쓰임이 같은 것을 고르시오.

> We are <u>to obey</u> the regulations.

① You were to die then.
② She is to apply for this job.
③ I am to attend a meeting today.
④ Tonight, we are to go a party.
⑤ You are to love your parents.

09 다음 문장을 우리말로 바르게 옮긴 것은?

> We made a reservation at a new restaurant in advance so as not to wait in line.

① 우리는 줄 서기 위하여 새로운 식당을 미리 예약하지 않았다.
② 우리는 줄 서지 않기 위하여 새로운 식당을 미리 예약했다.
③ 우리는 줄 서지 않기 위하여 새로운 식당을 미리 예약하지 않았다.
④ 우리는 식당을 미리 예약해서 줄 서지 않는다.
⑤ 우리는 식당을 미리 예약하지 않아서 줄 서지 않는다.

10 다음 두 문장을 동명사를 이용하여 한 문장으로 만들고, 그 문장을 해석하시오.

> - She feels sorry.
> - She lied to me.

sorry for ~에 대해 미안한

(sorry for)

→ _____

_____

→ 해석 _____

_____

11 다음 빈칸에 공통으로 들어갈 수 있는 전치사를 고르시오.

> - I never say yes _____
>   thinking deeply.
>   나는 '네' 라고 말할 때마다 깊게 생각한다.
> - She loved him _____ doubt.
>   그녀는 틀림없이 그를 사랑했다.

① with
② for
③ in
④ without
⑤ of

12 다음 우리말에 맞도록 괄호 안에 동사의 시제를 알맞게 쓰시오.

> 학교 가는 길에, 나는 그가 노래 부르는 것을 보았다.
> On the way to school, I (see) _____
> him (sing) _____ .

→ _____

_____

13 다음 중 관사를 생략하는 경우를 모두 고르시오.

① He has _____ backache.
② My dad suffers from _____ diabetes.
③ _____ Tiger is more diligent than _____ lion.
④ _____ man walked into the building.
⑤ Jane goes to _____ hospital to see a doctor.

backache 요통 diabetes 당뇨병

14 다음 문장에서 생략 가능한 부분을 찾아 쓰시오.

> Being invited to a party, I need a formal dress.

→ _____

16 다음 밑줄 친 곳을 같은 의미로 바꾸시오.

> He called me loudly <u>while his eyes were fixed</u> on the screen.

① with fixed his eyes
② with his eyes fixing
③ with fixing his eyes
④ with his eyes fixed
⑤ with his eyes fix

15 다음 중 어법상 <u>어색한</u> 부분을 찾아 고치시오.

> For my birthday, I would like visit Disneyland.

_____

→ _____

17 다음 주어진 우리말을 영작한 것이다. 빈칸에 들어갈 알맞은 분사구문의 관용적 표현을 고르시오.

> 솔직히 말하면 그녀는 우리를 위해 예약 없이 5개의 자리를 확보할 수 있다.
>
> _____ , she could save five seats for us without a reservation.

① To say the least
② Frankly speaking
③ Generally speaking
④ Roughly speaking
⑤ Needless to say

[18~19] 다음 밑줄 친 부분을 접속사를 사용하여 다시 쓰시오.

[21~22] 다음 대화를 읽고 물음에 답하시오.

18

Having discussed it with my parents, I am hesitating to make my mind.

나의 부모님과 이것을 상의했음에도 불구하고 나는 결정하기를 망설이고 있다.

→ Even though _____

_____

19

Volunteering at the fire station, I have learned many things.

소방서에서 봉사활동을 하는 동안, 나는 많은 것을 배웠다.

→ _____

_____

20 다음 문장을 May의 의미를 살려 해석하시오.

May you be always happy!

→ _____

Maya : Mom, where are you?

Mom : I am in the kitchen.

Maya : You are here. Mom, where is my black jacket?

Mom : That is at ⓐ 너의 이모의 집. ⓑ She is mending it as you requested.

Maya : When will I get it back? I need to put on that jacket next Sunday.

Mom : Don't worry. She will come over tonight with your jacket mended.

Maya : Perfect! Do you have anything that I can help you with?

21 ⓐ를 영어로 옮기시오.

→ _____

22 ⓑ를 수동태로 바꾸어 쓰시오.

→ _____

_____

[23-25] 다음 글을 읽고 물음에 답하시오.

French people are ⓐ_____ their life style. Generally, they have at least two months of vacation time during the summer. They work for 35 hours (ⓑ) week. If they work more than 35 hours, it should be compensated for it or they have more vacation time. Of course the employer ©<u>must</u> obey this law.

23 ⓐ에 들어갈 단어를 아래의 우리말을 참고하여 쓰시오.

> 프랑스 사람들은 그들의 생활방식으로 유명하다.

→ _____

24 ⓑ에 들어갈 단어로 적절한 것을 고르시오. (두 개)

① per
② for
③ a
④ an
⑤ the

25 ©와 바꾸어 쓸 수 있는 조동사를 쓰시오.

→ _____

MEMO